Fußball
Quizbuch

Stephan Faust

Fußball Quizbuch

BASSERMANN

Folgende weiteren Quizbücher sind bei Bassermann bereits erschienen:

Quizbuch für die ganze Familie (ISBN 3-8094-0377-6)
Quizbuch Pferde (ISBN 3-8094-0527-2)
Quizbuch Autos (ISBN 3-8094-0528-0)
sowie diverse Quizbücher zu aktuellen Musikstars

Der Text dieses Buches entspricht den Regeln
der neuen deutschen Rechtschreibung.

ISBN 3 8094 0636 8

Umschlaggestaltung: Peter Udo Pinzer
Titelbilder: o. und Umschlagrückseite: adidas; mittl. Reihe Mi.: Horst Müller, Düsseldorf; unten re.: GES, Dettenheim; alle übrigen: Wilfried Witters, Hamburg.
Fotos: firo Sportphoto, Essen: Seite 22, 55, 82, 93, 110, 137; **GES Sportfoto, Dettenheim:** Seite 124; **Horst Müller Pressebilderdienst, Düsseldorf:** Seite 10; **Sport-Presse-Fotos Wilfried Witters, Hamburg:** Seite 152, 171, 191, 199; **WEREK Pressebildagentur, München:** Seite 220
Zeichnungen: Herbert Pohle, Taunusstein: Seite 179
Layout und Vignetten: Klaus Ohl
Redaktion: Ralf Labitzky
Bildredaktion: Dr. Ruth Leners

Satz: Grunewald Satz & Repro GmbH, Kassel
Gesamtkonzeption: Bassermann'sche Verlagsbuchhandlung, D-65527 Niedernhausen/Ts.

817 2635 4453 6271

Inhalt

Vorwort

Wer in der letzten Bundesliga-Saison abgestiegen ist, werden die meisten Fußball-Fans wohl noch wissen, aber wie steht es zum Beispiel mit dem Namen des allerersten WM-Torschützen überhaupt? Oder: Welcher Verein verbirgt sich hinter dem Namen FK Crvena Zvezda? Dieses Quizbuch hält rund 1500 Fragen aus allen Bereichen des Fußballs bereit – mal mehr, mal weniger schwer. Mit diesen Quizfragen kann man alleine durch die Fußballgeschichte schmökern oder aber mit Freunden eine spannende Raterunde bilden. Dafür folgen ein paar Vorschläge, wie Sie noch mehr Spaß mit diesem Buch haben können:

1. Eine gewisse Großzügigkeit bei der Anerkennung von Antworten ist grundsätzlich ratsam (z. B. bei bestimmten Daten oder Zahlen). Andernfalls verständige man sich bereits vorab auf strikte Genauigkeit.
2. Anstatt die Fragen der Reihe nach zu stellen, können Sie mit Würfeln bestimmte Fragebereiche und Fragen benennen, die dann abwechselnd zu beantworten sind.
3. Spannend – und mitunter auch Nerven schonend – kann es sein, eine bestimmte Zeitspanne, z. B. zwei oder drei Minuten vorzugeben, innerhalb derer eine Frage beantwortet werden muss.

Sollte eine Antwort einmal partout nicht gefunden werden können, gibt der Hinweis auf der Seite unten die jeweilige Seitenzahl der Antwort an. Und nun viel Spaß und spannende Unterhaltung beim Fußball-Quiz!

Fußball-
Historie

Fußball-Historie

1 Welcher Verein wurde erster deutscher Fußballmeister?

2 In welchem Jahr war das?

3 In welchem Jahr bestritt die deutsche Nationalelf die meisten Länderspiele?

4 Wie viele Spiele davon verlor sie?

5 Welcher norddeutsche Traditionsverein wurde 1887 gegründet?

6 Wie lange dauerte 1880 noch ein Fußballspiel in Deutschland?

7 In welchem Land wurde die erste Liga der Welt eingeführt?

8 Wer ist älter, Ottmar oder Fritz Walter?

9 Verlor eine deutsche Nationalmannschaft jemals gegen Luxemburg?

10 Und gegen Liechtenstein?

11 Warum sind Radio- und Fernsehreporter dankbar dafür, dass es in den ersten beiden Jahrzehnten dieses Jahrhunderts noch keine Live-Übertragungen von Länderspielen gab?

Die Antworten finden Sie im Lösungsteil Seite 229.

12 Wie hieß die erste Fußballorganisation Deutschlands, die 1890 gegründet wurde?

13 Wer wurde 1956 zu Europas erstem „Fußballer des Jahres“ gekürt?

14 Wie lautet der richtige Vorname Sepp Herbergers?

15 Welcher Verein verteidigte zum ersten Mal seinen deutschen Meistertitel?

16 Welcher Nationalspieler fühlte sich besonders angesprochen, wenn es hieß: „Auf geht's Männer.“?

17 Welches Land gewann 1916 die erste Südamerika-Meisterschaft?

18 Wann wurde das erste Fußballmatch bei elektrischer Beleuchtung durchgeführt?

19 Wie viele Spieler des 1. FC Nürnberg spielten am 5. Juni 1924 im Länderspiel gegen Norwegen?

20 Welche wichtige Regel wurde 1891 eingeführt?

21 Welcher Nationalspieler war „der Boss“?

22 Als was machte sich dieser Spieler nach seiner Fußballer-Laufbahn selbstständig?

Die Antworten finden Sie im Lösungsteil Seite 229.

Wie heißt dieser Spieler, der mit Rot-Weiß Essen 1955 deutscher Meister und 1953 DFB-Pokalsieger wurde und sich durch ein ganz besonderes Tor um Deutschland verdient gemacht hat?

Die Antwort finden Sie im Lösungsteil Seite 304.

23 Wie viele Länderspiele gewann die deutsche Nationalmannschaft unter Sepp Herberger? (Kleiner Tipp: Es ist eine verdammt runde Zahl!)

24 Wie haben sich der 1. FC Nürnberg und die SpVgg Fürth um die Nationalmannschaft verdient gemacht?

25 In welchem Jahr spielte Uwe Seeler zum ersten Mal in der Nationalmannschaft?

26 Welcher der „Helden von Bern" verkraftete den WM-Sieg nicht und musste einige Zeit später in eine Heilanstalt eingeliefert werden?

27 Warum trug Reinhard Libuda den Spitznamen „Stan"?

28 Wer war der erste Länderspielgegner der deutschen Mannschaft überhaupt?

29 Aus welchem Verein kam Fritz Becker, der in diesem Spiel das allererste Länderspieltor für Deutschland schoss?

30 Wer war der erste Gegner der deutschen Elf nach dem Ersten Weltkrieg?

31 Wer verschoss den allerersten Länderspiel-Elfmeter für das deutsche Team?

Die Antworten finden Sie im Lösungsteil Seite 229/230.

32 Welcher deutsche Internationale schoss 1910 und 1912 jeweils gegen Holland ein Eigentor?

33 Wer war der erste Gegner der deutschen Mannschaft nach dem Zweiten Weltkrieg?

34 Wer stand bei diesem Spiel im Tor der deutschen Mannschaft?

35 Wer kämpfte von 1932 bis 1939 in der „Weltmeisterschaft der Meere" um den Atlantikpokal?

36 Welches Land gewann 1908 das erste offizielle(!) olympische Fußballturnier?

37 Wer war der Vorgänger von Sepp Herberger als deutscher Nationaltrainer?

38 Warum wurde Siggi Haringer bei der WM 1934 von diesem Trainer nach Hause geschickt?

39 In welchem Jahr wurde die FIFA gegründet?

40 Welches Land wachte noch bis Mitte dieses Jahrhunderts mit einer 4/5-Mehrheit über die Fußballregeln?

41 Wie viele Nationalspieler stellte Schwaben Augsburg?

42 Mit welchem Verein wurde der WM-Trainer von 1974, Helmut Schön, als Spieler zweimal deutscher Meister?

Die Antworten finden Sie im Lösungsteil Seite 230.

43 Seit welchem Jahr wird beim Fußball die Pfeife als Schiedsrichtersignal eingesetzt?

44 Was war der „Tschammer"-Pokal?

45 Welcher Nationalspieler spielte am längsten (in Jahren) in der Nationalmannschaft?

46 Welches Länderspiel auf deutschem Boden hatte die meisten Zuschauer?

47 Und welche beiden Spiele hatten die wenigsten?

48 Welche deutsche Mannschaft, die in den zwanziger Jahren als unbesiegbar galt, blieb 104 Spiele lang ungeschlagen?

49 Wer war der älteste deutsche Nationalspieler?

50 Welches der folgenden Länder trat im Jahr 1941 nicht bei der FIFA bei: Honduras, Kolumbien, Syrien, Slowakei, Kroatien?

51 Welche vier deutschen Vereine, die es noch heute im Profifußball gibt, gründeten sich im Jahr 1900?

52 Gegen welches „Land" gewann Deutschland 1954 in der WM-Qualifikation mit 3:1?

Die Antworten finden Sie im Lösungsteil Seite 230/231.

53 Wer wurde 1929 erster spanischer Meister? Real Madrid oder der FC Barcelona?

54 Wer schoss in 85 Spielen 84 Tore für Ungarn?

55 Warum wurde kurz vor Beginn der WM 1954 Sepp Herbergers „Blockbildung“ aus Spielern des 1. FC Kaiserslautern heftig kritisiert?

56 Welche Berliner Vereine wurden vor Hertha BSC deutscher Meister?

57 Gegen welche früheren Gegner kann die deutsche Mannschaft nie mehr spielen?

58 Welche damalige Top-Mannschaft war in den fünfziger Jahren als die „Husaren“ bekannt?

59 1954 reiste das Nationalteam zur WM in die Schweiz. Wie viele Länderspiele hatte die deutsche Nationalmannschaft seit dem Ende des Zweiten Weltkriegs bestritten?

60 Welches Ereignis beendete nach Meinung der Zeitung „Die Welt“ „die Steinzeit im deutschen Fußball“?

61 Wer wurde erster französischer Meister (nach Einführung des Profitums 1933)?

Die Antworten finden Sie im Lösungsteil Seite 231.

62 Wie viele „Bereichsauswahlmannschaften“ gab es 1940/41?

63 Welcher Nationaltrainer war Spieler bei Waldhof Mannheim, beim VfR Mannheim und bei Tennis Borussia Berlin?

64 Welcher englische Verein verlor 1958 bei einem Flugzeugabsturz in München fast die komplette Mannschaft?

65 Aus welchen Wiener Vereinen kamen die meisten „deutschen“ Nationalspieler?

66 Welcher deutsche Verein wurde wegen „Berufsspielertums“ 1930 für ein Jahr aus dem Verband ausgeschlossen, weil er statt der erlaubten fünf Mark zehn Mark Spesen an die Spieler auszahlte?

67 Wer nahm sich wenige Tage nach Bekanntgabe der Sperre das Leben?

68 Wie viele Zuschauer kamen im ersten Spiel nach der Sperre in das total überfüllte Vereinsstadion?

69 Wie viele deutsche Nationalspieler starben im Zweiten Weltkrieg?

70 Warum sind in der Meisterschale für das Jahr 1922 zwei Meister eingraviert?

Die Antworten finden Sie im Lösungsteil Seite 231.

71 Warum wurden die beiden Endspiele 1922 abgebrochen?

72 Welchen Rekord hält der Engländer William Ralph „Dixie" Dean?

73 Wer war von 1949 bis 1962 Präsident des DFB?

74 Welcher italienische Verein gewann 1937 das Turnier der Pariser Weltausstellung?

75 Gegen wen verlor Schalke 04 1941 die deutsche Meisterschaft?

76 Wie wurde diese Meisterschaftsrunde genannt?

77 Seit wann gibt es im deutschen Fußball offiziell Vertragsspieler (Profis)?

78 Otto Montag absolvierte in den zwanziger Jahren vier Länderspiele für das deutsche Team. Waren in der Nationalmannschaft noch mehr „Wochentage" vertreten?

79 Wer war vor dem Ende des Zweiten Weltkriegs Torschützenkönig der Nationalmannschaft?

80 Wer spielte von 1908 bis 1917 den Kronprinzen-Pokal aus?

81 Wie hieß der Pokal dieses Wettbewerbs nach 1917?

Die Antworten finden Sie im Lösungsteil Seite 232.

82 Wie hieß der Pokal dieses Wettbewerbs im Jahr 1933?

83 Welche englische Universitätsmannschaft stand viermal im englischen Cup-Finale?

84 Seit welchem Jahr wird der „Kicker-Almanach" veröffentlicht?

85 Wie viele Spieler setzte Otto Nerz in seiner Zeit als Nationaltrainer insgesamt ein?

86 Was war sein größter Erfolg als Nationaltrainer?

87 Warum verzichtete er vor den Olympischen Spielen 1936 fünf Monate auf jedes Testländerspiel?

88 Wie platzierten sich die Deutschen bei dieser Olympiade im eigenen Land?

89 War Uwe Seeler mit 17 Jahren und 11 Monaten der jüngste deutsche Nationalspieler aller Zeiten?

90 Welche beiden Mannschaften standen sich im ersten Fußball-Städtespiel Deutschlands gegenüber?

91 In welchem Jahr schloss sich der deutsche Fußballverband der FIFA an?

92 Warum trat England 1920 aus der FIFA aus?

Die Antworten finden Sie im Lösungsteil Seite 232.

93 Warum wurden ab 1951 weiße Fußbälle benutzt?

94 Warum sind die fünf Ur-Fußballspiele der Jahre 1899 und 1901 zwischen englischen und deutschen Auswahlmannschaften in keiner DFB-Statistik aufgeführt?

95 Hatte der DFB 1930 mehr als 900.000 Mitglieder, mehr als 1 Million Mitglieder oder mehr als 1,1 Millionen Mitglieder?

96 1911 hatte die deutsche Mannschaft erstmals richtig Grund zum Jubeln: Am 14. April traf sie in Berlin im elften Länderspiel auf England. Wie lautete das Endergebnis?

97 Welches Spiel begründete den Ruhm der „Breslau-Elf", die den Ruf besitzt, neben der Weltmeisterelf von 1954 und der Europameister-Mannschaft von 1972 das Beste gewesen zu sein, was der deutsche Fußball an Mustermannschaften jemals hervorgebracht hat?

Die Antworten finden Sie im Lösungsteil Seite 232/233.

Fußball-Bundesliga

Fußball-Bundesliga

1 Welcher Fußballverein hat die meisten deutschen Meisterschaften errungen?

2 Wie hieß der Trainer, der 1964 mit Werder Bremen Meister wurde und „den modernsten Fußball in der Bundesliga“ hatte spielen lassen?

3 Welches Spielsystem machte er bekannt?

4 Wer ist Bundesliga-Rekordspieler?

5 Wie wurde dieser Spieler wegen seiner Vereinstreue genannt?

6 Wer wurde als „Graf Schieber“ bekannt?

7 Welche Maßnahme musste Schalke 04 1964 ergreifen, weil den Verein ein Schuldenberg von 850.000 DM drückte?

8 Wie alt war Franz Beckenbauer, als er von Cosmos New York zum Hamburger SV wechselte?

9 Wer schoss innerhalb einer Spielzeit die meisten Tore der Bundesliga-Geschichte?

10 Auf welcher Position spielte der gleiche Goalgetter in seinen letzten Bundesliga-Jahren?

Die Antworten finden Sie im Lösungsteil Seite 233.

11 Warum sang man auf Schalke nach dem Rückspiel gegen Borussia Neunkirchen: „So ein Tag, so wunderschön wie heute"?

12 Wie viele Mannschaften waren beim Bundesliga-Start 1963 dabei?

13 Wer war der älteste Spieler, der jemals in der Bundesliga ein Spiel bestritt?

14 Wie hieß der erste Bundesliga-Meister?

15 Wie viele Zuschauer sahen das am schlechtesten besuchte Spiel der Bundesliga-Geschichte?

16 Welche Mannschaft hat den bisher schlechtesten Zuschauer-Durchschnitt einer Bundesliga-Saison zu verzeichnen?

17 Wie hieß der erste ausländische Spieler, für den eine Bundesliga-Mannschaft mehr als 1 Million Mark Ablösesumme zahlte?

18 Wer war nach der Wiedervereinigung Deutschlands der erste Trainer aus den „alten Bundesländern", der eine Mannschaft aus den „neuen Bundesländern" betreute?

19 Was passierte nach dem Titelgewinn 1995 mit der Haarpracht der beiden dunkelhäutigen Dortmunder Julio Cesar und Ibrahim Tanko?

Die Antworten finden Sie im Lösungsteil Seite 233.

In der Saison 1994/95 kam es zu diesem ungewöhnlichen Beisammensein. Der gerade gefeuerte Ex-Trainer begrüßt seinen Nachfolger, gibt ihm Tipps und wünscht ihm alles Gute für seine zukünftige Arbeit. In den Klubräumen welches Vereins spielte sich diese Szene ab und wer ist hier Nachfolger von wem?

20 Für welchen Verein spielte der Torwart Roland Wabra?

21 Wie wird die Meisterschaftsschale scherzhaft genannt?

22 Wie oft wurde die Meisterschaft durch das Torverhältnis entschieden?

Die Antworten finden Sie im Lösungsteil auf den Seiten 234 und 304.

23 Seit Beginn welcher Saison können die Bundesliga-Schiedsrichter gelb/rote Karten verteilen?

24 Wie viele „Berge“ gibt es in der Bundesliga?

25 In den 70er Jahren legte Bayern München mit 73 ungeschlagenen Heimspielen in viereinhalb Jahren eine unglaubliche Serie hin. Welcher Verein fügte den Bayern 1974 wieder eine Niederlage in München zu?

26 Wie viele Österreicher spielten in der Saison 97/98 in der Bundesliga?

27 Wie heißen sie und für welche Vereine waren sie tätig?

28 Wer führt die Ewige Tabelle der Bundesliga an?

29 Wer ist dort Tabellenletzter?

30 Der frühere Bundesliga-Spieler und -Trainer Bernd Krauss wurde in Dortmund geboren. Welche Staatsangehörigkeit hat er aber?

31 Welcher Spieler absolvierte als erster 500 Bundesliga-Spiele?

32 Welcher Verein verschliss seit Einführung der Bundesliga die meisten Trainer?

Die Antworten finden Sie im Lösungsteil Seite 234.

33 Es gibt nur einen einzigen Spieler mit mehr als 500 Bundesligaspielen, der nicht in der Nationalmannschaft gespielt hat. Wie heißt er?

34 Welcher Bundesliga-Torschützenkönig durfte sich nicht die „Torjägerkanone" ins Regal stellen?

35 Wen fertigten die Offenbacher Kickers am ersten Spieltag der Saison 1974/75 mit 6:0 im Frankfurter Waldstadion ab?

36 Wie hieß der Trainer, der 1980 erstmals ohne DFB-Trainerlizenz eine Bundesliga-Mannschaft betreuen durfte?

37 Welche beiden Trainer wurden vom DFB im Rahmen des Bundesliga-Bestechungsskandals gesperrt?

38 Welche beiden Spieler, die in diesen Skandal verwickelt waren, durften später noch in der Nationalmannschaft spielen?

39 Am letzten Spieltag der Saison 1970/71 führten Bayern München und Mönchengladbach punktgleich die Tabelle an und lagen nur ein Tor auseinander. Wer gewann damals das Titelrennen?

40 In der Spielzeit 1964/65 konnten sich zwei Aufsteiger im Mittelfeld etablieren. Welche?

Die Antworten finden Sie im Lösungsteil Seite 234.

41 Wie viele Zwillingspaare spielten bislang in der Bundesliga?

42 Welche Mannschaft blieb als bisher einzige eine ganze Saison ohne Auswärtsniederlage?

43 Welchem Stürmer gelangen sechs Treffer in einem einzigen Bundesliga-Spiel (Rekord!)?

44 Welcher Nationalspieler erzielte in zwei aufeinander folgenden Bundesliga-Spielen jeweils ein Eigentor (1974/75)?

45 Welcher Traditionsverein vollbrachte das Kunststück, in den achtziger Jahren ganze dreimal abzusteigen?

46 Welche drei Aufsteiger der Saison 1978/79 stiegen auch alle wieder ab?

47 Welcher Trainer machte den 1. FC Köln zum ersten Bundesliga-Meister?

48 Der Schalker Hermann Erlhoff ging als erster Auswechselspieler in die Geschichte der Bundesliga ein. In welcher Spielzeit war das und welchen Stadionrasen betrat der erste Ergänzungsspieler damals? Tipp: Der Gegner Borussia Mönchengladbach hatte ein Auswärtsspiel!

49 Bei welchen beiden Vereinen spielte Otto Rehhagel gemeinsam mit Uwe Klimaschefski?

Die Antworten finden Sie im Lösungsteil Seite 235.

50 In der Meistersaison 1994/95 hatte Dortmund gleich drei Kreuzbandrisse zu beklagen. Welche Stürmer waren betroffen?

51 Welcher spätere DFB-Trainer war der erste Coach in der Geschichte der Bundesliga, der vorzeitig seinen Hut nehmen musste?

52 Welcher Verein eckte in der Saison 1987/88 wegen seiner Trikotwerbung beim DFB an?

53 Welcher Stürmer bewahrte Borussia Dortmund in der Saison 1985/86 vor der Zweitklassigkeit?

54 Wer war der erste Torhüter, der wegen einer Notbremse des Feldes verwiesen wurde?

55 Welcher Stürmer wurde in den achtziger Jahren gleich dreimal Torschützenkönig?

56 Welche Änderung erfuhr die Abseitsregelung mit Beginn der Saison 1990/91?

57 Wer war der erste Torhüter, der die Auszeichnung „Fußballer des Jahres? erhielt?

58 Welcher deutsche Verein führte die Trikotwerbung ein?

59 In welchem Jahr war das?

Die Antworten finden Sie im Lösungsteil Seite 235.

60 Wer machte den Bestechungsskandal in der Bundesliga 1971 publik?

61 Wer erzielte am 17. April 1971 den Siegtreffer für Arminia Bielefeld beim unrühmlichen, weil verschobenen 1:0-Erfolg bei Schalke 04?

62 Wann gab es den ersten deutschen Meister bei den Frauen?

63 Welcher Verein nannte sein früheres Stadion „Rote Erde"?

64 Zu welchem Ereignis wurde das neue Stadion erbaut?

65 Wer wurde 1995 Nachfolger von Otto Rehhagel beim SV Werder Bremen?

66 Wie lange war Rehhagel zuvor Trainer beim SV Werder?

67 Welcher Bundesligaabsteiger hatte im Jahr 1979 einen Zuschauer-Schnitt von 32.000 (Rekord!)?

68 Wie wurde der ehemalige Bundesliga-Trainer Dettmar Cramer auch genannt?

69 Welche Mannschaft konnte als erste den Bundesliga-Meistertitel verteidigen?

Die Antworten finden Sie im Lösungsteil Seite 235/236.

70 Mit Vithaya Laohakul verpflichtete Hertha BSC 1979 einen wirklichen Exoten für die Bundesliga. Aus welchem asiatischen Staat kam der bisher einzige Legionär dieses Landes?

71 Welcher Verein weigerte sich unter dem Motto „Niederrhein zuerst!" ausländische Spieler zu verpflichten?

72 In welcher Saison wurde dieser Grundsatz aufgegeben?

73 Wer schoss das schnellste Tor in der Geschichte der Bundesliga?

74 Wer ist deutscher Rekordmeister im Frauenfußball?

75 Welcher Verein verbot in seiner Stadionordnung als erster rassistische Sprechchöre?

76 Welche drei Vereine sind bereits viermal aus der Bundesliga abgestiegen?

77 Für welchen Bundesliga-Verein kickte Christoph Daum?

78 Welche körperliche Behinderung hatten Wilfried Hannes (Borussia Mönchengladbach) und Hartmut Heidemann (MSV Duisburg)?

79 Warum fehlten die beiden Spieler Rudi Brunnenmeier und Timo Konietzka dem TSV 1860 München in der Spielzeit 1966/67 für mehrere Wochen?

Die Antworten finden Sie im Lösungsteil Seite 236.

80 Welcher frühere Bundesliga-Profi suchte einen Psychologen auf, der seine Unbeherrschtheit zügeln sollte, weil er innerhalb kürzester Zeit viermal die rote Karte sah?

81 Welcher frühere Verteidiger von Eintracht Frankfurt musste mit 17 Jahren bei seinem Bundesliga-Debüt gleich gegen Gerd Müller spielen?

82 Erzielte Müller in diesem Spiel ein Tor?

83 Welcher Verein stieg ein Jahr nach der Meisterschaftsfeier ab?

84 In welcher Spielzeit führte der harte Winter zu so vielen Spielausfällen, dass ernsthaft überlegt wurde, ob Borussia Mönchengladbach vorzeitig zum Meister erklärt und der Abstieg ausgesetzt werden sollte?

85 Bei welchem Verein spielte der erste Doktor der Liga, Dr. Peter Kunter?

86 Bei welchem Verein war Uli Hoeneß zuletzt „aktiv"?

87 Welcher damalige Stuttgarter Spieler und spätere Trainer trug ein Toupet?

88 Welches Stadion teilten sich der 1. FC Köln und Fortuna Köln in der Bundesliga-Saison 1973/74?

Die Antworten finden Sie im Lösungsteil Seite 236.

89 Welche beiden früheren Bundesligavereine sind mittlerweile aus dem Vereinsregister gestrichen worden?

90 Schoss Bundes-Berti Vogts in seinen 14 Bundesliga-Jahren bei Borussia Mönchengladbach mehr oder weniger als 30 Tore?

91 Die Einwohner welcher Städte konnten bisher zwei Bundesliga-Klubs gleichzeitig bejubeln?

92 Welcher Schalker flog am letzten Spieltag der Saison 1973/74 fünf Minuten vor dem Spielende vom Platz, weil er zum Schiedsrichter „du Depp" gesagt hatte und wurde deshalb aus dem WM-Kader gestrichen?

93 Wie viele Tore gelangen Tasmania 1900 Berlin in ihrer einzigen Bundesliga-Saison?

94 Und wie viele kassierte sie?

95 Wie oft wurde Lothar Emmerich Bundesliga-Torschützenkönig?

96 „Die Bayern werden 20 Punkte Vorsprung haben", orakelte nach dem ersten Spieltag der Saison 1972/73 Schalkes Trainer Ivica Horvath. Wie viele Punkte waren es am Ende der Spielzeit tatsächlich?

97 In welchem Jahr wurde Stefan Kuntz Torschützenkönig und Harald Schumacher „Fußballer des Jahres"?

Die Antworten finden Sie im Lösungsteil Seite 237.

98 1971/72 schaffte Gerd Müller den Mega-Torrekord der Bundesliga. Wer landete aber mit 22 Treffern auf Platz 2 der Torschützenliste?

99 Wer war beim FC Bayern Nachfolger von Franz Beckenbauer auf dem Libero-Posten?

100 Welche beiden Ereignisse konnte die Stadt München 1965 feiern?

101 Zu welchem großen internationalen Verein wechselte Hennes Weisweiler 1975 von Borussia Mönchengladbach?

Die Antworten finden Sie im Lösungsteil Seite 237.

Fan-Test

TSV München 1860

1 Der TSV München 1860 wurde (und das ist kein Geheimnis) 1860 gegründet. In welchem Jahr aber bestritt erstmals eine Löwen-Mannschaft ein offizielles Fußballspiel?

2 Wann kam es zum ersten Duell gegen den FC Bayern?

3 Wie oft wurde München 1860 DFB-Pokalsieger?

4 Warum hat der Vereinslöwe der Sechziger einen doppelten Schwanz?

5 Wie oft erreichten die Löwen das Finale des DFB-Pokals?

6 Warum hat das Jahr 1911 für die Sechziger eine besondere Bedeutung?

7 Haben die Sechziger bis 1998 eine positive oder eine negative Spielbilanz im UEFA-Pokal (inkl. Messe-Pokal) aufzuweisen?

8 Wer war Eugen Kling?

9 Wie viele Nationalspieler stellte München 1860 bis 1998?

Die Antworten finden Sie im Lösungsteil Seite 237/238.

10 Die Torhüter-Legende Max Kob stand 20 Jahre lang im Tor des TSV 1860. Von 1912 bis 1932 hütete er den Münchner Kasten, doch beim bis dahin größten Ereignis der Vereinsgeschichte, das während seiner Laufbahn stattfand, musste er verletzt zuschauen. Vor welchem Spiel verletzte sich Kob durch eigenes Verschulden?

11 Welcher Löwen-Präsident hat die bisher längste Amtszeit aufzuweisen?

12 Wer war „Peter der Große"?

13 Welche Voraussetzungen musste in den zwanziger Jahren ein Spieler des TSV München 1860 erfüllen, um 25 Mark „Gage" zu bekommen?

14 Wie geht der Fan-Gesang der Löwen-Fans weiter: Wir singen A, wir singen B, wir singen ...?

15 Welchen Job hatte Fernsehmoderator Werner Schulze-Erdel zu Bayernliga-Zeiten bei den Sechzigern?

16 Wie viele Tore schoss Rudi Völler für die Löwen?

17 Von welchem Löwen-Trainer wird behauptet, dass er seinen Spielern die Zigaretten nur abnahm, um sie später heimlich selbst zu rauchen?

18 Aus welchem Land kam der 1974 zu den Sechzigern gewechselte Torwart Francillion?

Die Antworten finden Sie im Lösungsteil Seite 238.

19 Löwen-Präsident Karl-Heinz Wildmoser holte Trainer Werner Lorant nach seinem Amtsantritt 1992 nach München. Bei welchem Verein musste er Lorant aus dem Vertrag herauskaufen?

20 Worüber bestand beim Wechsel von Abedi Pelé zu 1860 München Unklarheit?

21 Wer war unter dem Namen „Der einarmige Alisi" bekannt?

22 Wie wurde der Löwe Otto Luttrop wegen seiner unglaublichen Schusskraft auch genannt?

23 „Es gibt drei gute Trainer auf der Welt. Zwei sind schon tot ...", tönte Werner Lorant in seinem ersten Jahr auf der Löwen-Bank. Da nicht unschwer zu erraten ist, wer der dritte Klassetrainer sein sollte, lautet die Frage: Welche bereits gestorbenen Trainer findet Lorant gut?

24 Im Finale 1931 gegen Hertha BSC wurden die Löwen in unglaublicher Art und Weise vom übergewichtigen Schiedsrichter Fissenewerth aus Mönchengladbach benachteiligt. Bis zur 80. Minute hatten die Löwen 2:1 geführt, als der Unparteiische zwei eindeutige Abseitstore der Berliner anerkannte. Außerdem hatte er den Münchnern zwei klare Elfmeter verwehrt. Wer schickte nach dem Spiel ein Telegramm an die Löwen-Geschäftsstelle mit den Worten: „Wir gratulieren dem wahren deutschen Meister."?

Die Antworten finden Sie im Lösungsteil Seite 238/239.

25 Welcher Torhüter, der vier Jahre lang (1990 bis 1994) die unumstrittene Nummer 1 im Löwen-Tor war, wechselte im Sommer 1997 zum 1. FC Nürnberg?

26 Von welchem Finalspiel wird berichtet, dass die beiden Gegner gemeinsam mit der Straßenbahn ins Stadion fuhren. Die Löwen vorne im Triebwagen, der FC Schalke im Anhänger?

1. FC Kaiserslautern

1 In welchem Jahr wurde der 1. FCK gegründet?

2 Wie hieß der legendäre Vorstopper und Mannschaftskollege Fritz Walters, der von 1938 bis 1962 über 1000 Mal das Trikot des 1. FCK trug?

3 Gehörte er auch zur WM-Elf 1954?

4 Von welchem Verein kam Rodrigues „Ratinho" zu den Lauterern?

5 Wer war „die Walz aus der Pfalz"?

6 Wer war der Top-Scorer im Trikot des 1. FC Kaiserslautern?

7 Gehört das Fritz-Walter-Stadion der Stadt oder dem Verein Kaiserslautern?

Die Antworten finden Sie im Lösungsteil Seite 239.

8 Wie viele Ausländer spielten in der Saison 1997/98 für den 1. FC Kaiserslautern?

9 „Die anderen sind zu dumm, um Meister zu werden." Welcher Münchner sagte diesen Satz in Bezug auf den 1. FC Kaiserslautern im Titelrennen 1991 – und hatte Unrecht?

10 Welchen Verein trainierte Otto Rehhagel vor den „roten Teufeln"?

11 Wer war der „Tarzan" unter den Lauterer Torhütern?

12 Wer verwandelte die meisten Elfmeter für den 1. FCK?

13 In welchem Trikot verwandelte dieser Spieler seinen wichtigsten Strafstoß?

14 Für welches Produkt machten die Pfälzer im Meisterjahr 1998 Trikotwerbung?

15 Wie oft wurden die „roten Teufel" DFB-Pokalsieger?

16 Welcher Spieler des 1. FC Kaiserslautern wurde in der Saison 1993/94 gemeinsam mit Anthony Yeboah Torschützenkönig der Bundesliga?

17 Wie viele Tore erzielte der Spieler dabei?

Die Antworten finden Sie im Lösungsteil Seite 239.

18 Warum wurde Ciriaco Sforza zu Beginn der Bundesliga-Saison 1994/95 vor das DFB-Sportgericht zitiert?

19 Am 12. Oktober 1994 feierte Olaf Marschall seinen Einstand in der Nationalmannschaft. Wie hieß der Gegner?

20 Stefan Kuntz wechselte vom 1. FC Kaiserslautern zu Arminia Bielefeld – oder war da noch eine Station dazwischen?

1. FC Köln

1 Der 1. FC Köln entstand aus dem Zusammenschluss welcher beiden Vereine?

2 Fand diese Fusion vor oder nach dem Zweiten Weltkrieg statt?

3 „Der Kölner gründet keinen Fußballverein, um deutscher Meister zu werden, sondern er sagt sich: Loß mer ens 'ne schöne Fußballklub jrönde – jespielt hammer dann schnell." Welcher in Köln lebende Kabarettist flaxte so über den 1. FC Köln?

4 Wie hieß der Torwart, der bei der schlimmen 1:8-Niederlage in der ersten Runde des Europapokals der Landesmeister 1962 gegen den FC Dundee das Tor des 1. FC Köln hütete?

Die Antworten finden Sie im Lösungsteil Seite 240.

5 In welcher Spielzeit schoss das Sturmduo Toni Polster/ Bruno Labbadia zusammen über 30 Tore?

6 Wann gelang dem 1. FC Köln das Double (Meisterschaft und Pokalgewinn)?

7 Wie hieß das umstrittene Buch des damaligen Nationaltorwarts Toni Schumacher?

8 Hat das Müngersdorfer Stadion eine Rasenheizung?

9 Welcher Kölner Mittelfeldstar beendete mit dem WM-Sieg 1974 seine internationale Karriere?

10 Wer lief öfter im Kölner Dress auf? Harald Schumacher oder Wolfgang Overath?

11 Warum wurde der 1. FC Köln 1964 mit der ersten Platzsperre in der Geschichte der Bundesliga belegt?

12 Wer war der „blonde Engel"?

13 In welchem Jahr erreichte der 1. FC Köln zum letzten Mal einen einstelligen Tabellenplatz am Saisonende?

14 Wann wurden die Kölner vom FC Bayern München in der „Ewigen Tabelle der Bundesliga" überholt?

Die Antworten finden Sie im Lösungsteil Seite 240.

15 In der Saison 1997/98 gab es im Kader des 1. FC Köln nur zwei Spieler, die schon vor 1990 dem Verein angehörten. Wer waren die beiden?

16 Aus welchem Land kommt Pablo Thiam?

17 Welcher Engländer kickte von 1979 bis 1982 für den 1. FC Köln, wechselte dann für vier Jahre zu Arsenal London, um anschließend zu den Geißböcken zurückzukehren?

18 Wie oft war Pierre Littbarski WM-Endrundenteilnehmer?

19 Wie oft wurde Harald Schumacher „Deutschlands Fußballer des Jahres“?

20 Wie wird Toni Polster in Anspielung auf seine Torgefährlichkeit auch genannt?

Arminia Bielefeld

1 Wie heißt das Stadion der Arminia?

2 In welcher Spielklasse kickte Arminia Bielefeld 1993?

3 Welcher der folgenden Trainer saß nie auf der Bank der Arminia: Horst Franz, Otto Rehhagel, Gerd Roggensack, Ewald Lienen, Karlheinz Feldkamp oder Horst Köppel?

Die Antworten finden Sie im Lösungsteil Seite 240/241.

4 Mit wie vielen Toren und Punkten endete die Bundesliga-Saison 1972 für die Arminia?

5 Welche sind die Vereinsfarben von Arminia Bielefeld?

6 1996 stieg die Arminia in die Erste Bundesliga auf. Wie viele Jahre verbrachte sie vorher in der zweiten Liga?

7 1977/78 konnte sich Arminia Bielefeld voll auf den Bundesliga-Aufstieg konzentrieren, denn das Erstrundenmatch im DFB-Pokal wurde verloren. Wo unterlag Bielefeld mit 2:4?

8 Wer erzielte die meisten Bundesligatore für Bielefeld?

9 Durch welches Skandalspiel sicherte sich Arminia Bielefeld 1970/71 den Klassenerhalt?

10 Welche Spiele hatte die Arminia 1970/71, laut DFB-Ankläger Kindermann, „gekauft“?

11 Mit welcher Strafe wurde Arminia Bielefeld, als Hauptsünder im Bundesliga-Bestechungsskandal, vom DFB belegt?

12 Wie schnitten in der Bundesliga-Saison 1978/79 die Aufsteiger ab, zu denen ja auch die Arminia gehörte?

13 Auf welchem Tabellenplatz lag Arminia Bielefeld 1978/79 nach Hälfte der Saison?

Die Antworten finden Sie im Lösungsteil Seite 241.

14 Welcher Sensationssieg gelang Arminia Bielefeld in der ansonsten enttäuschenden Saison 1978/79?

15 Wie viele Jahre verbrachte die Arminia nach ihrem Abstieg aus der Zweiten Liga 1988 in der Amateuroberliga?

16 Was war in diesen Jahren der schlechteste Tabellenplatz im Amateurlager?

17 Für welche Vereine spielte Michael Sternkopf, bevor er 1997 zur Arminia kam (drei genügen!)?

18 Welcher Gegner fügte Arminia Bielefeld die höchste Bundesliga-Heimpleite zu?

19 In der Saison 1977/78, als die Arminia Zweitligameister wurde, musste sie sich auf der Bielefelder Alm dreimal geschlagen geben. Gegen welche Ligakonkurrenten verlor Bielefeld damals zu Hause?

20 Welchen Tabellenplatz erreichte 1977/78 Arminia-Angstgegner Bocholt (Das Spiel in Bocholt wurde mit 0:5 verloren!)?

Die Antworten finden Sie im Lösungsteil Seite 241.

Bayer 04 Leverkusen

1 Wer war Ulrich Haberland?

2 Wer schoss das erste Bundesligator für Bayer?

3 Welcher war der bisher größte Erfolg der Bayer-Vereinsgeschichte?

4 Wer war der ausländische Torjäger des Bayer-Teams, der im zweiten Bundesligajahr Leverkusens 16 Tore für das Werksteam schoss?

5 In der Saison 1997/98 waren die beiden Torhüter Dirk Heinen und Rüdiger Vollborn beide im 16. Jahr bei Bayer Leverkusen. Wie viele Jahre ist Bayer-Rekordspieler Vollborn älter als Heinen?

6 Seit welchem Jahr gehört Bayer Leverkusen dem Oberhaus der Liga an?

7 Welche beiden „nennenswerten" Tore fielen in der Saison 1994/95 beim 4:0 über Eintracht Frankfurt?

8 Welcher Weltmeister von 1990 fungiert bei Bayer als Sportlicher Direktor?

Die Antworten finden Sie im Lösungsteil Seite 242.

9 Zu den Höhepunkten der Bayer-Vereinsgeschichte gehört ohne Zweifel auch der tolle 5:4-Erfolg in der ersten Runde des UEFA-Pokal-Wettbewerbs 1994/95 gegen den PSV Eindhoven. Welcher 18-Jährige schoss in diesem Spiel drei Tore für Eindhoven?

10 Welches „Enfant terrible" holte Bayer zu Beginn der Saison 1993/94 nach Leverkusen?

11 Für welchen Klub der ehemaligen DDR-Oberliga spielte Ulf Kirsten?

12 Wie viele Länderspiele absolvierte Ulf Kirsten für die ehemalige DDR?

13 Für welches Bayer-Produkt warb das Trikot der Leverkusener vor dem Schmerzmittel Aspirin?

14 Mit welcher Mannschaft stieg Bayer Leverkusen 1979 gemeinsam in die Erste Bundesliga auf?

15 Welchen Zweitligarekord stellte Leverkusen 1978/79 auf?

16 Welche beiden ehemaligen Bayer-Stars hielten gemeinsam Bibelstunden ab?

17 Welchen Tabellenplatz erreichte Bayer Leverkusen in seiner ersten Bundesliga-Saison?

Die Antworten finden Sie im Lösungsteil Seite 242.

18 Welcher Trainer löste in der Spielzeit 1994/95 Dragoslav Stepanovic ab?

19 Wie viele Kroaten spielten in der Saison 1997/98 für Bayer Leverkusen?

20 Kam Trainer Christoph Daum 1996 von Galatasaray oder von Besiktas Istanbul?

21 Von welcher Reglementänderung profitierte Bayer in der Saison 1981/82?

Borussia Dortmund

1 In welchem Wirtshaus wurde der BVB gegründet?

2 In welchem Jahr fand die Vereinsgründung statt?

3 Welcher dänische BVB-Stürmer erzielte in 24 Spielen kein einziges Tor?

4 Aus wem bestand der „Babysturm"?

5 Nennen Sie einen von drei Vereinen, die Ottmar Hitzfeld vor Borussia Dortmund in der Schweiz trainierte?

6 In welchem Jahr gewann Dortmund den Europapokal der Pokalsieger?

Die Antworten finden Sie im Lösungsteil Seite 242/243.

7 In welchem Spiel trug die Borussia erstmals wieder die schwarz-gelb gestreiften Socken, mit denen auch die Pokalsiegermannschaft von 1965 aufgelaufen war?

8 Welches Spiel gilt gemeinhin als das beste von Matthias Sammer im Dress von Borussia Dortmund?

9 An welcher Allee befindet sich das Trainingsgelände der Borussen?

10 Für welchen Bundesliga-Verein spielte Stéphane Chapuisat, bevor er nach Dortmund wechselte?

11 Wie oft gewann Dortmund den DFB-Vereinspokal?

12 Wer war Kapitän der Europapokalsieger-Elf von 1966?

13 Wer war der Vorgänger von Udo Lattek, der 1979 das Traineramt bei der Borussia übernahm?

14 Von wem schwärmte Franz Beckenbauer: „Dieser Mann ist für Borussia wie ein Sechser im Lotto."?

15 Wer sorgte durch seine „Osterschwalbe" gegen den Karlsruher SC in der Spielzeit 1994/95 für Aufsehen, wegen der er zwei Wochen gesperrt wurde?

16 Wer ist seit dem Dortmunder Titelgewinn 1996 ein „Fußballgott"?

Die Antworten finden Sie im Lösungsteil Seite 243.

17 Welche Borussen-Spieler der Saison 1997/98 lernten beim TuS Eving-Lindenhorst das Fußballspielen?

18 Zu welchem Verein wechselte Trainer Udo Lattek bereits nach zwei Jahren in Dortmund?

19 1993/94 fielen gleich drei BVB-Stürmer mit einer der schlimmsten Fußballerverletzungen aus, einem Kreuzbandriss. Welche drei Goalgetter mussten deshalb für lange Zeit auf die Tribüne?

20 Wer ist „Susi"?

Borussia Mönchengladbach

1 Wer absolvierte die meisten Bundesliga-Spiele im Trikot der „Fohlen"?

2 Wie oft gewann Borussia Mönchengladbach die deutsche Meisterschaft?

3 Welcher Mönchengladbacher ist „die Glatze"?

4 In welcher Stadt wurde dieser Mittelfeldspieler geboren?

5 Seit wann werden die Gladbacher „Fohlen" genannt?

6 Für welchen anderen Profiklub war der Spieler Jupp Heynckes außer in Mönchengladbach noch tätig?

Die Antworten finden Sie im Lösungsteil Seite 243/244.

7 Wer wurde der „eiserne Fritz" genannt?

8 Borussia Mönchengladbach war eine der Mannschaften, die an dem am schlechtesten besuchten Spiel der Bundesligageschichte beteiligt war. Wie hieß der Gegner?

9 Wer wurde 1987/88 Nachfolger von Jupp Heynckes als Trainer bei Borussia Mönchengladbach?

10 Wer ist Manolo?

11 Wie hieß der norwegische Torwart, der nach zwei Jahren (und nur 12 Einsätzen) bei Mönchengladbach zu Tottenham Hotspurs wechselte und dort 1991 Pokalsieger wurde?

12 Wer war der erste Nationalspieler der Borussen nach dem Aufstieg in die Bundesliga?

13 Welcher Spieler wurde beim legendären 7 : 1 der Borussia gegen Inter Mailand von einer Büchse getroffen, sank zu Boden und war damit der Grund für die Annullierung des Spiels und die Neuansetzung?

14 Wie sorgte der gleiche Italiener beim Spiel in Mailand für Aufsehen?

15 Mönchengladbachs Torwart-Denkmal Wolfgang Kleff übernahm 1985 eine Gastrolle in einem deutschen Film. Wie war der Titel des Streifens?

Die Antworten finden Sie im Lösungsteil Seite 244.

16 Wie oft traf Uwe Rahn in der deutschen Nationalmannschaft?

17 Welcher frühere Borussen-Regisseur kam angeblich „aus der Tiefe des Raumes“?

18 „Ich stelle ihn nicht auf, und wenn sie mich morgen steinigen!“ Wann sagte Hennes Weisweiler diesen Satz?

19 Wer war der erste Nationalspieler der Mönchengladbacher?

20 Wie alt war Lothar Matthäus bei seinem Debüt in der Nationalmannschaft?

21 Wer galt als „Wasserträger“ Günter Netzers?

FC Bayern München

1 Wie oft waren die Münchner bis 1998 deutscher Meister?

2 Thomas Helmer kam 1992 von Borussia Dortmund an die Isar. Wo spielte er aber vor seiner Zeit beim BVB?

3 Welcher war der schlechteste Saison-Abschluss des FC Bayern in den letzten zehn Jahren?

Die Antworten finden Sie im Lösungsteil Seite 244/245.

4 Welche Werbeaufschrift zierte die Meisterschaftstrikots des Jahres 1981?

5 In welchem Jahr stiegen die Bayern aus der Regionalliga Süd in die Bundesliga auf?

6 Welche späteren Weltmeister waren bei diesem Aufstieg bereits dabei?

7 Wer stand in der Meisterschaftssaison 1985/86 im Kasten des FC Bayern?

8 Von welchem Verein wechselte Carsten Jancker an die Isar?

9 1988 wurden die Bayern zwar nur Vizemeister hinter dem SV Werder Bremen, trafen in der abgelaufenen Saison aber 83-mal – so häufig wie kein anderer Verein. Wer waren die beiden treffsichersten Bayern-Schützen dieser Spielzeit?

10 Hat Mehmet Scholl einen türkischen Vater oder eine türkische Mutter?

11 Welcher Spieler absolvierte die meisten Bundesligaspiele für Bayern München?

12 Für welchen anderen Bundesligaverein war dieser Spieler noch tätig?

Die Antworten finden Sie im Lösungsteil Seite 245.

13 Wie viele Spieler des FC Bayern waren am WM-Sieg 1974 beteiligt?

14 Wie viele Trainer hatte der FC Bayern in der Bundesligasaison 1991/92?

15 Wie hießen sie?

16 Welcher Bayern-Trainer nannte seinen Mittelstürmer „kleines dickes Müller"?

17 Wo arbeiteten die Eltern von Sepp Maier?

18 Welcher Nationaltorwart in Diensten des FCB kassierte bei seinem Debüt für München ein äußerst kurioses Tor?

19 Warum musste Sepp Maier seine aktive Laufbahn beenden?

20 Wer versiebte im Trikot des FC Bayern zwölf Elfmeter?

21 Welcher Münchner hat gesagt: „Es gibt nur zwei intelligente Menschen. Schwan am Vormittag und Schwan am Nachmittag."?

22 Wer trainierte die Münchner bei ihrer ersten Bundesliga-Meisterschaft 1969?

Die Antworten finden Sie im Lösungsteil Seite 245.

FC Schalke 04

1 Wie nannte sich der FC Schalke bei seiner Gründung am 4. Mai 1904?

2 Warum werden die Spieler des FC Schalke „Knappen“ genannt?

3 Welche Berufe übte Rudi Assauer bereits beim FC Schalke aus?

4 Auf wie viel Kilo hungerte sich 1995 Charly Neumann von seinen 129 Kilo dank der Firma „figura fit“ herunter?

5 Welcher Schalker Stürmer der Spielzeit 1997/98 lernte bei einem Postsportverein das Fußballspielen?

6 Was gelang dem FC Schalke im Jahr 1937?

7 Welcher Spieler im 97/98er Kader des FC Schalke 04 gehörte dem Verein am längsten an?

8 Wer ging als Flankengott in die Schalker Annalen ein?

9 In welchem Jahr wurde Schalke 04 zum ersten Mal UEFA-Pokalsieger?

10 Welchen Spitznamen gaben seine Mitspieler Alexander Borodjuk?

Die Antworten finden Sie im Lösungsteil Seite 246.

11 Wie viele Spielzeiten kickten die „Knappen" nach ihrem Abstieg 1988 in der Zweiten Liga?

12 Welcher „ran"-Reporter war früher Stadionsprecher des FC Schalke?

13 Wie viele Nationalspieler waren 1997/98 im Kader der „Knappen"?

14 Wer war in der Saison 1994/95 Trainer des FC Schalke?

15 Wer war sein Vorgänger, der die Schalker auf den letzten Tabellenplatz führte?

16 Wie hieß der unglückselige Präsident des FC Schalke, den man allerorten nur „Sonnenkönig" nannte?

17 Wann fallen für einen echten Schalker Hochzeit, Weihnachten und Kindtaufe auf einen Tag?

18 Warum blieb dem FC Schalke 1965 der Abstieg erspart, obwohl er mit nur sieben gewonnenen Spielen am Saisonende Letzter wurde?

19 Am 28. September 1974 beendete der FC Schalke die unglaubliche Siegesserie eines Gegners: 73 Spiele und über vier Jahre lang blieb welches Team zu Hause ohne Niederlage?

Die Antworten finden Sie im Lösungsteil Seite 246.

20 1972 wurde der FC Schalke Vize-Meister hinter dem Mega-Team des FC Bayern. Welcher Schalker erzielte in dieser Saison 22 von 76 Schalker Toren?

21 Welche Schalker Spieler wurden im Zuge des Bundesligabestechungsskandals wegen Meineids 1972/73 gesperrt?

Hamburger SV

1 Welche drei Vereine schlossen sich 1919 zum Hamburger SV zusammen?

2 Welcher ehemalige Trainer des HSV gilt als der erfolgreichste Vereinstrainer der Welt?

3 Wie viele Titel errang er in seiner Karriere?

4 Für welches Nationalteam spielt Hasan Salihamidzic?

5 Wie viele Seeler-Brüder spielten beim HSV?

6 Wie groß ist Karsten Bäron?

7 Die Karriere eines langjährigen HSV-Abwehrrecken endete in den Metallhaken der Tornetzaufhängung. Wie ist sein Name?

8 Wer war der Elfmeterkönig des HSV?

Die Antworten finden Sie im Lösungsteil Seite 246/247.

Warum musste der Hamburger SV in der Saison 1994/95 die Trikotaufschrift dieses Werbepartners für einige Spiele bedecken?

9 Welcher schottische Stürmer brachte es beim HSV von 1984 bis 1986 nur auf 30 Spiele und sieben Tore?

10 Wie hieß der Spieler, der elf Jahre lang beim HSV unter Vertrag stand, dann nach Frankreich wechselte und seine Karriere beim FC Schalke 04 ausklingen ließ?

11 Wer brachte die Banane ins HSV-Spiel?

12 Welcher HSV-Spieler der siebziger Jahre war später Manager sowohl beim FC St. Pauli als auch beim HSV?

Die Antworten finden Sie im Lösungsteil auf den Seiten 247 und 304.

13 Wer war das „Kopfball-Ungeheuer"?

14 Welcher talentierte Mittelfeldspieler der frühen achtziger Jahre musste wegen einer schweren Verletzung seine noch junge Karriere beenden?

15 Warum hätte Thomas von Heesen so gerne noch ein Tor mehr für den HSV geschossen?

16 Wie nannte Uwe Seeler seinen Klub 1994 in der „Sport-Bild"?

17 Welche Farbe hatten die HSV-Trikots (nach Ansicht vieler Kritiker) in der Saison 1975/76 (Der HSV wurde Vizemeister und holte den DFB-Pokal!)?

18 Welcher Hamburger schoss sich in dieser Spielzeit unter die Top Ten der Torschützen?

19 Welcher HSV-Profi wurde zum ersten Teenie-Idol und fand Einzug in die Zeitschrift „Bravo"?

20 Wie lautete der Spitzname dieses Spielers?

21 In der Saison 1977/78 löste Rudi Gutendorf Kuno Klötzer ab. Wie wurde Gutenberg auch genannt?

Die Antworten finden Sie im Lösungsteil Seite 247.

FC Hansa Rostock

1 Der FC Hansa Rostock ist der jüngste Verein in der Bundesliga. Wann wurde er gegründet bzw. als Fußballleistungszentrum ausgegliedert?

2 Wie hieß der erfolgreichste Hansa-Torschütze in der ersten DDR-Oberliga-Saison 1965/66?

3 Von welchem Verein lieh Hansa im Frühjahr 1996 Jonathan Akpoborie aus?

4 Unter welchem Trainer schrammte Hansa Rostock haarscharf an einem UEFA-Pokal-Platz vorbei?

5 Welcher Hansa-Stürmer wurde 1968 und 1969 Torschützenkönig der DDR-Oberliga?

6 Welcher Rostocker machte Hansa durch seinen Wechsel zu Borussia Dortmund schuldenfrei?

7 1991 stieg Hansa als Erster der Oberliga Nordost in die Bundesliga auf. Mit welchem Tabellenplatz schloss der Neuling seine erste Saison ab?

8 Welcher Hansa-Akteur war in der Spielzeit 1997/98 in allen Bundesliga-Spielen mit von der Partie?

9 Welcher Hansa-Spieler war DDR-Rekord-Nationalspieler?

Die Antworten finden Sie im Lösungsteil Seite 248.

10 Bei welchen deutschen Vereinen stand Jonathan Akpoborie vor seiner Zeit bei Hansa unter Vertrag?

11 Was ist das Markenzeichen von Stürmer Steffen Baumgart?

12 Welcher Hansa-Akteur spielte in der Saison 1997/98 noch für einen anderen Verein?

13 Wie viele der 26 Hansa-Spieler der Saison 1997/98 stammten aus einem der fünf neuen Bundesländer?

14 Und wie viele aus den alten Bundesländern?

15 In welches Leistungsloch fielen die Hansa-Spieler fast schon traditionell in der DDR-Oberliga?

16 Aus welchem afrikanischen Land stammte Jonathan Akpoborie?

17 In welchem Stadion trägt der FC Hansa Rostock seine Heimspiele aus?

18 Seit welchem Jahr gehört Heiko März dem FC Hansa Rostock an?

19 Von welchem spanischen Erstligisten kam Trainer Ewald Lienen nach Rostock?

Die Antworten finden Sie im Lösungsteil Seite 248.

20 Hansa Rostock hatte den zweitbesten Zuschauerzuspruch in der DDR-Oberliga. Wer war jedoch absoluter Publikumsmagnet?

Hertha BSC Berlin

1 Wie oft wurde Hertha BSC Deutscher Meister?

2 Wie hieß die Hertha bis 1923?

3 Wie lange spielte Hertha BSC vor dem Aufstieg 1997 in der Zweiten Liga?

4 Was für ein Landsmann ist der Hertha-Mittelfeldspieler Kjetil Rekdal?

5 Wer war bis 1998 der teuerste Einkauf der Vereinsgeschichte?

6 Warum wurde Hertha BSC Berlin nach der Saison 1963/64 aus der Bundesliga „geworfen"?

7 Für welchen Bundesligisten war Eyjölfur Sverrisson vor seinem Berlin-Engagement schon einmal tätig?

8 Warum war Hertha BSC der Grund für die Aufstockung der Bundesliga auf 18 Vereine?

9 Spielte der Hertha-Trainer Jürgen Röber in seinen 303 Bundesliga-Einsätzen auch mal für die Berliner?

10 Wieso wählten die Klubgründer angeblich die Vereinsfarben Blau-Weiß und den Namen Hertha?

11 Wie wird der Klub Hertha BSC von den Berlinern liebevoll genannt?

12 Für welchen englischen Verein spielte der Hertha-Trainer Jürgen Röber?

13 1976/77 bot sich für die Berliner mal wieder die Gelegenheit, zwei Bundesligisten zuzujubeln. Zwar stieg Tennis Borussia Berlin umgehend wieder ab, doch zuvor fanden zwei Derbys statt. Mit welchem Ausgang?

14 Welcher Spieler trug am häufigsten das Hertha-Trikot?

15 Wer war der Gegner der Hertha im DFB-Pokalfinale 1979?

16 Wie hieß das erste eigene Hertha-Stadion, das der Verein 1923 von dem ruinösen SV Norden-Nordwest erwarb?

17 Nach der Saison 1979 mussten drei namhafte Vereine absteigen: Werder Bremen, Eintracht Braunschweig und – Hertha BSC. Punktgleich mit dem MSV Duisburg und Bayer Uerdingen standen sie am Saisonende auf Platz 16. Wie viele Tore haben den Berlinern gefehlt, um die Klasse zu erhalten?

Die Antworten finden Sie im Lösungsteil Seite 249.

18 Welchen Hertha-Coach, der für die Misere verantwortlich gemacht wurde, löste man in dieser Spielzeit vorzeitig ab?

19 Wer war sein Nachfolger, der trotz einer tollen Rückrunde mit 18:16 Punkten den Abstieg nicht verhindern konnte?

Karlsruher SC

1 Wie hieß der KSC bei der Vereinsgründung im Jahr 1894?

2 Warum fusionierte dieser 1894 gegründete Verein 1952 mit dem VfB Mühlburg?

3 Warum wurde der Klub nach dem Zusammenschluss innerhalb weniger Jahre zum größten Sportverein (gemessen an der Zahl der Mitglieder) Deutschlands?

4 Wie hieß der kroatische Abwehrspieler, der 1995 von Karlsruhe zu West Ham United wechselte?

5 Welcher spätere Meistertrainer wechselte als Spieler 1956 von Herne zum Karlsruher SC?

6 Wie heißt das Karlsruher Heimstadion?

7 Gehörte der KSC zu den Gründungsmitgliedern der Bundesliga?

Die Antworten finden Sie im Lösungsteil Seite 249/250.

8 Welches war der teuerste Einkauf der Karlsruher Vereinsgeschichte?

9 Wann stieg der KSC zum ersten Mal aus der Bundesliga ab?

10 Wurde der KSC schon einmal Deutscher Meister?

11 Wie lange war Winfried Schäfer bis 1998 Trainer beim KSC?

12 Holte er mit seiner Mannschaft in dieser Zeit einen einzigen Titel?

13 Wie groß ist Thomas Häßler?

14 Wie viele Spieler im KSC-Kader von 1997/98 kamen aus der eigenen Jugend?

15 Wie heißt der erste deutsche Verein, für den Sean Dundee spielte?

16 In welcher Stadt wurde Thomas Häßler geboren?

17 Welcher Abwehrspieler hat die meisten Bundesligaeinsätze für den KSC auf dem Buckel?

18 Der Karlsruher Spieler Marc Keller ist Nationalspieler welchen Landes?

Die Antworten finden Sie im Lösungsteil Seite 250.

19 Wer ist den KSC-Fans unter dem Namen „Euro-Eddy“ noch in lebhafter Erinnerung?

20 Welches traurige Ereignis verbinden KSC-Fans mit dem Lohrheidestadion in Wattenscheid?

21 Wie viele Ex-Karlsruher standen 1997/98 im Kader des FC Bayern München?

22 In welchem Jahr nahmen die Badener zum ersten Mal an einem UEFA-Pokal-Wettbewerb teil?

MSV Duisburg

1 Für was steht die Abkürzung MSV?

2 Welchen „tierischen“ Beinamen haben die Duisburger?

3 Wie heißt das Stadion, in dem der MSV seine Heimspiele austrägt?

4 In welchem Jahr wurde der MSV Duisburg sensationell Vizemeister?

5 Wer trainierte in diesem Jahr den MSV?

6 Welche Galionsfigur führte die vizemeisterliche Mannschaft des Jahres 1964?

Die Antworten finden Sie im Lösungsteil Seite 250/251.

7 Wie lange war der MSV Duisburg vor dem letzten Aufstieg in die Bundesliga nicht erstklassig?

8 Welcher österreichische Mittelfeldspieler zauberte in den siebziger Jahren beim MSV?

9 Welchem Trainer gelang 1989 mit dem MSV der Aufstieg aus dem Amateurlager?

10 Welches MSV-Denkmal wurde „Enatz“ gerufen?

11 Wer waren die „Rotjacken“?

12 Wer war neben dem MSV Duisburg der zweite Malocherklub, der in der ersten Hälfte des Jahrhunderts von sich reden machte?

13 Warum war der Vorstand des Meidericher SV 1966 erpicht darauf, die Stadt Duisburg in den Vereinsnamen aufzunehmen?

14 In der Saison 1980/81 wollte der Vorstand den Trainer entlassen, weil dem Verein der Abstieg drohte. Die Spieler rebellierten und stellten sich hinter den Coach. Mit doppeltem Erfolg: Der Trainer blieb und der MSV schaffte den Klassenerhalt. Wie hieß der damalige Trainer?

15 Wie oft nahm der MSV am UEFA-Pokal-Wettbewerb teil?

Die Antworten finden Sie im Lösungsteil Seite 251.

16 In welcher UEFA-Pokal-Runde verlor der MSV 1978 gegen den Ligakonkurrenten Borussia Mönchengladbach?

17 Wie viele Nationalspieler trugen bisher das Trikot der „Zebras"?

18 Wie oft stieg Duisburg zwischen 1991 und 1996 in die Erste Bundesliga auf?

19 Wie heißt die „schwarze Perle" des MSV, der Togoer Salou, mit Vornamen?

20 Welche Sportfirma war in der Saison 1997/98 Ausrüster des MSV?

SV Werder Bremen

1 Wurde Werder Bremen vor oder nach der Jahrhundertwende gegründet?

2 Welcher „Kuhhirte" hatte an der Vereinsgründung maßgeblichen Anteil?

3 Wie hießen die ersten Nationalspieler des SV Werder Bremen?

4 Wer machte mehr Spiele für Werder Bremen: Mirko Votava oder Dieter Burdenski?

Die Antworten finden Sie im Lösungsteil Seite 251/252.

5 Wer ist Rekord-Elfmeterschütze des SV Werder?

6 Warum ist es Dieter Eilts gewohnt, dass man Witze über ihn macht?

7 Wie heißt der Manager des SV Werder?

8 Welcher frühere Ersatztorhüter wurde bereits nach zwei Einsätzen als für nicht bundesligatauglich befunden?

9 Welchen Spitznamen trug der Meistertrainer von 1965, Willi Multaup?

10 In welchem Jahr begann Otto Rehhagel seine Trainertätigkeit bei Werder Bremen?

11 Welcher beliebte Norweger hätte den „Elch"-Test der Fans bestanden?

12 Welcher ehemalige Werder-Torwart wurde in Bremen von seinem Vater trainiert?

13 Welche beiden Bremer Stürmer erzielten beim Titelgewinn 1988 die meisten Tore für den Weser-Klub?

14 Warum betrat Otto Rehhagel in der Saison 1981/82 die Bielefelder Alm nur mit kugelsicherer Weste und unter Polizeischutz?

15 Welchen Spitznamen trug Horst-Dieter Höttges?

Die Antworten finden Sie im Lösungsteil Seite 252.

16 Was war der erste Werbeschriftzug auf den Trikots des SV Werder?

17 Welcher Werder-Profi war der „Kiwi"?

18 Wann stieg das Gründungsmitglied der Bundesliga zum ersten (und einzigen) Mal aus der Ersten Bundesliga ab?

19 Welcher spätere Nationalspieler wechselte 1987 vom Bundesliga-Absteiger Blau-Weiß 90 Berlin zu Werder?

20 Wie viele Jahre spielte dieser Stürmer für Werder?

21 In welchem Jahr wurde der frühere Trainer der dänischen Nationalmannschaft, Sepp Piontek, mit Werder als Spieler Deutscher Meister?

VfB Stuttgart

1 Wie oft wurde der VfB Stuttgart Deutscher Meister?

2 Wie heißt der langjährige Präsident des VfB Stuttgart?

3 In welcher Stadt wurde der deutsche Nationalspieler Fredi Bobic geboren?

4 Aus welchem Land kam Gilbert Gress, der von 1966 bis 1971 beim VfB spielte?

Die Antworten finden Sie im Lösungsteil Seite 252/253.

5 Welches Jahr befleckt die ansonsten makellose weiße Weste der VfB-Bundesligazugehörigkeit?

6 Unter welchem Trainer gelang nach dieser Spielzeit der direkte Wiederaufsteig ins Oberhaus?

7 In welchem Jahr wurde der VfB Stuttgart zum ersten Mal „Bundesliga"-Meister?

8 Wie hieß Stuttgarts einarmiger Nationalspieler?

9 Seit welchem Jahr heißt das Neckarstadion Gottlieb-Daimler-Stadion?

10 Wie lautet der Spitzname von Joachim Löw?

11 Wer wurde 1995 als VfB-Manager entlassen, um wenig später bei Hertha BSC Berlin in gleicher Position Anstellung zu finden?

12 Welcher Stuttgarter Spieler erzielte in seinen ersten fünf Bundesligaspielen fünf Tore?

13 Spielte der jüngere Bruder von Karl Allgöwer ebenfalls für den VfB Stuttgart?

14 Welchen Weltmeister von 1994 hatten die Schwaben unter Vertrag?

15 Wer bildete das Stuttgarter magische Dreieck?

Die Antworten finden Sie im Lösungsteil Seite 253.

16 Welcher Stuttgarter spielte in seiner ersten Saison für den VfB Stuttgart als Stürmer, Libero, Manndecker und Mittelfeldspieler?

17 Wie viele Tore erzielte Hermann Ohlicher für den VfB?

18 Fredi Bobic kam einst von den Stuttgarter Kickers zum VfB. Welche späteren Nationalspieler (mindestens drei) wagten den gleichen Schritt und wurden zu Stars?

19 Welcher Spieler in Diensten des VfB Stuttgart sah als einziger Nationalspieler zweimal Rot in Länderspielen?

VfL Bochum

1 Das Vereinswappen des VfL Bochum zeigt das Datum 1848 an. Was geschah in diesem Jahr?

2 Wann wurde die Fußballabteilung des TV 1848 Bochum gegründet?

3 Wann erhielt der Verein die Bezeichnung „Verein für Leibesübungen (VfL)“?

4 Welche obskure Geschichte wird über das Aufstiegsspiel des VfL Bochum zur Regionalliga gegen die SpVgg Erkenschwick 1965 erzählt?

5 Was bezeichnete VfL-Trainer Eppenhoff als „Starenkasten“?

Die Antworten finden Sie im Lösungsteil Seite 253/254.

6 Wann erwischte es die „Unabsteigbaren“ zum ersten Mal?

7 Wer war zur Zeit der Bundesliga-Gründung VfL-Präsident?

8 Wann musste der VfL zum ersten Mal die Relegationsspiele der Bundesliga bestreiten?

9 Welcher Spieler schoss die meisten Bundesliga-Tore für den VfL Bochum?

10 Welcher Bochumer Spieler wurde in der Saison 1994/95 für zwei Monate wegen Dopings gesperrt?

11 Ist Dariusz Wosz größer oder kleiner als Thomas Häßler?

12 Welchen Platz belegte der VfL im Jahr nach seinem Bundesligaaufstieg 1996?

13 Wie viele Länderspiele machte Wosz für die ehemalige DDR?

14 In wie vielen Ländern war der VfL-Stürmer Sergej Juran bis 1998 schon Fußball-Legionär?

15 Wer machte die meisten Bundesliga-Spiele für den VfL Bochum?

16 Welcher VfLer des Kaders 1997/98 trägt den Spitznamen „Gustl“?

Die Antworten finden Sie im Lösungsteil Seite 254.

VfL Wolfsburg

1 Wurde der VfL Wolfsburg vor oder nach dem Zweiten Weltkrieg gegründet?

2 In welchem Jahr wurde Wolfsburg Deutscher Amateurmeister?

3 Wie heißt das Wolfsburger Stadion?

4 Welchen Verein hatte Willi Reimann vor dem VfL Wolfsburg trainiert?

5 Wie viele Nationalspieler waren 1997/98 im Team der „Wölfe"?

6 Welcher Klasse wurde der VfL Wolfsburg bei Gründung der Bundesliga zugeteilt?

7 Wie viele Jahre gehörten die „Wölfe" dieser Spielklasse ununterbrochen an?

8 Wie oft sind die Wolfsburger in ihrer Vereinsgeschichte bis 1998 bereits abgestiegen?

9 Wie lange spielten die Wolfsburger bis 1997 in der Zweiten Liga?

10 Wer ist beim VfL Wolfsburg eigentlich der Schlimme?

Die Antworten finden Sie im Lösungsteil Seite 254/255.

DDR-Oberliga

DEUTSCHER FUSSBALL-VERBAND DER DDR

DFV

DDR-Oberliga

1 Wer war erster Meister der DFV-Oberliga?

2 Warum siegte diese Mannschaft am letzten Spieltag so deutlich gegen den Tabellen-Zweiten SG Friedrichstadt-Dresden?

3 Wer war Spielertrainer der Friedrichstadter?

4 In welchem Jahr gelang Dynamo Dresden das erste „Double“ (Gewinn der Meisterschaft und des FDGB-Pokals) in der DDR-Fußballgeschichte?

5 Welcher Verein, vor der Saison als Absteiger gehandelt, wurde 1964 DDR-Meister?

6 Welcher Verein spielt noch heute im Stadion „An der alten Försterei“?

7 Welche drei Oberliga-Vereine standen in einem Finale des Europapokals der Pokalsieger?

8 Welcher Traditionsklub gehörte in der Saison 1967/68 zu den Absteigern, schaffte aber den unmittelbaren Wiederaufstieg?

9 Bei welchen Bundesliga-Klubs spielte der aus der DDR geflohene Lutz Eigendorf?

10 In welchem Jahr stand Dynamo Dresden im Finale des Europapokals der Landesmeister?

Die Antworten finden Sie im Lösungsteil Seite 255.

11 Wer wurde in der Saison 1964/65 zum dritten Mal Torschützenkönig der DDR-Oberliga?

12 Welcher Spieler absolvierte die meisten Spiele in der DDR-Oberliga?

13 Welcher Spieler erzielte innerhalb einer Saison die meisten Tore in der Oberliga?

14 Welcher Stürmerstar des FC Dynamo erzielte am 19. Spieltag der Saison 1981/82 sein 100. Liga-Tor?

15 Welche beiden Spieler waren bereits vorher im „Klub der Hunderter"?

16 Welches unrühmliche „Kunststück" vollbrachte Karl Wolf in drei aufeinander folgenden Spielen für den BSG Wismut Aue in der Saison 1953/54?

17 Von welcher Mannschaft schwärmte Sportecho-Kolumnist Wolfgang Hempel 1970: „Das ist der erbarmungsloseste, totalste Fußball, der je in unserer Oberliga dargeboten wurde."?

18 Welche Auszeichnung erhielt der DDR-Fußballer des Jahres?

19 Wie hieß Hansa Rostock früher?

20 Warum?

Die Antworten finden Sie im Lösungsteil Seite 255/256.

21 Wie viele Zuschauer sahen am 9. September 1956 das Lokalderby zwischen Lokomotive und Rotation Leipzig im neu eingeweihten Zentralstadion?

22 Wer war Trainer des DDR-Meisters von 1965 ZASK Vorwärts Berlin?

23 Wer stieg 1985 mit fünf gesammelten Punkten als schlechtester Oberligist aller Zeiten ab?

24 Welche beiden Negativrekorde gab es in der Oberliga-Saison 1985/86?

25 Welche Spieler des FC Magdeburg gehörten Mitte der siebziger Jahre zum Stamm der Nationalelf?

26 Welchen Namen erhielt die ehemalige Ostzonenliga nach der Gründung der DDR am 7. Oktober 1949?

27 1949 wurde jeder der 18 gegründeten Sportvereinigungen ein industrieller Trägerbetrieb zugeordnet, der sich „verschlüsselt" im Namen des Vereins wiederfand. Für welche Betriebe standen die folgenden Vereinsbeinamen: Rotation, Turbine, Empor und Aktivist?

28 Für welchen Verein spielte Hans-Jürgen „Dixie" Dörner?

29 Wer behauptete 1984 von „Dixie" Dörner: „Der ist mit 1,76 Metern einfach zu klein, zu kopfballschwach, mindestens einen Schritt zu langsam und außerdem zweikampfschwach."?

Die Antworten finden Sie im Lösungsteil Seite 256.

30 Am 1. Oktober 1983 wurde der FC Dynamo nach langer Zeit wieder einmal geschlagen. Wie viele Spiele war der fünfmalige Meister zuvor unbesiegt?

31 Wie hieß der damalige Gegner, der die Dynamos mit 2:1 besiegen konnte?

32 In welchem Stadion spielte der SC Wismut Karl-Marx-Stadt (Aue)?

33 Wer ließ das Vereinsstadion des Sachsenrings Zwickau, das Georgi-Dimitroff-Stadion, erbauen?

34 Welcher von den Fußballfans ungeliebte Klub wurde 10 Jahre hintereinander DDR-Meister?

35 Warum war der FC Dynamo so unbeliebt?

36 Wie wurde der DDR-Rekordmeister im Volksmund auch genannt?

37 Welcher Oberliga-Verein war der Klub der NVA-Truppen?

38 1975/76 erregte der BSG Sachsenring Zwickau DDR-weit Aufsehen, als er im Europapokal der Pokalsieger erst im Halbfinale gegen RSC Anderlecht scheiterte. Aus welchen Spielern bestand die damals legendäre Sachsenring-Achse?

39 Wer war der „schwarze Peter“?

Die Antworten finden Sie im Lösungsteil Seite 256.

40 Welches Oberliga-Gründungsmitglied erwischte es in der Saison 1982/83 im Abstiegskampf?

41 Welche Klubs spielten von der Gründung bis zur Auflösung in der DFV-Oberliga?

42 Welcher Sportmoderator mit dem Kürzel HFO machte die Berichterstattung über die Oberliga zu einem Ereignis?

43 Welche Spieler waren in der Saison 1988/89 die fünf treffsichersten Schützen (und fanden sich einige Zeit später allesamt in der Ersten Bundesliga wieder)?

44 Für welchen Verein spielte Jürgen Sparwasser?

45 Welcher Verein der DDR-Oberliga hatte den besten Zuschauerschnitt aufzuweisen?

46 In welchem Jahr wurden die Vereine SC Rotation Leipzig und SC Lokomotive Leipzig zum SC Leipzig zusammengefasst?

47 Welcher Verein löste 1989 den FC Dynamo Berlin nach zehn Jahren Alleinherrschaft als DDR-Meister ab?

48 Welche beiden Vereine, die am Saisonende 1983/84 punkt- und torgleich am Tabellenende standen, ermittelten den Absteiger in zwei Entscheidungsspielen?

Die Antworten finden Sie im Lösungsteil Seite 256/257.

49 Welcher Spieler von Dynamo Dresden, der heute als DFB-Jugendtrainer arbeitet, beendete 1974 seine aktive Laufbahn?

50 Was bedeutete das Kürzel BSG im Namen vieler Vereine?

Die Antworten finden Sie im Lösungsteil Seite 257.

DFB-Vereinspokal

DFB-Vereinspokal

1 In welchem Jahr wurde erstmals der deutsche Pokalwettbewerb ausgetragen?

2 Wo findet seit 1985 alljährlich das Endspiel um den DFB-Pokal statt?

3 Ab der Saison 1971/72 wurden die Pokalspiele mit einem Hin- und Rückspiel ausgetragen. Wieso wurde diese Regeländerung vom DFB nach zwei Jahren wieder verworfen?

4 Gegen welchen Regionalligisten (und heutigen Bundesligisten) verlor Borussia Mönchengladbach 1968 im Viertelfinale?

5 Welche Mannschaft erreichte bis 1998 am häufigsten das Finale?

6 Bruder und Schwester wurden einmal am gleichen Tag DFB-Pokalsieger. Um wen handelt es sich?

7 Welcher Spieler bestritt das DFB-Pokalfinale 1982 mit einem blutigen Kopfverband?

8 Schoss dieser Spieler ein Tor?

9 Mit welchem Ergebnis endete das erste Halbfinalspiel 1984 zwischen dem FC Schalke 04 und Bayern München?

Die Antworten finden Sie im Lösungsteil Seite 257.

10 In welchem Jahr wurde das Pokalfinale zum Lokalderby?

11 Welches Regierungsmitglied übergibt den DFB-Pokal nach dem Finale der Siegermannschaft?

12 Im DFB-Pokal-Wettbewerb 1994/95 wurde zum ersten Mal ein Erstrundenmatch des FC Bayern München live im deutschen Fernsehen übertragen – zur besten Sendezeit. Wie hieß der bis dahin weitgehend unbekannte Gegner?

13 Wie ging dieses Spiel aus?

14 Wie konnte der FC Bayern München trotz dieses Ergebnisses das Viertelfinale erreichen?

15 Thomas oder Klaus Allofs? Welcher der Brüder erzielte 1980 beim 2 : 1-Finalsieg über den 1. FC Köln den Siegtreffer für Düsseldorf?

16 Wer war der einzige Torschütze beim Sieg des Hamburger SV gegen Borussia Dortmund im Finale 1963?

17 Welcher Leverkusener traf beim glücklichen 1 : 0-Finalsieg 1993 gegen die Amateure von Hertha BSC Berlin?

18 1. FC Köln gegen Fortuna Düsseldorf. In welchen beiden Jahren lautete so die Endspielpaarung?

19 Hatten beide Spiele den gleichen Sieger?

Die Antworten finden Sie im Lösungsteil Seite 257/258.

In welcher Stadt steht diese Fußball-Arena?

20 Durch welches Pokalspiel ist den Fans von Borussia Mönchengladbach der Name Joachim Stadler in ärgerlicher Erinnerung?

21 Das Pokalfinale 1977 wurde als einziges wiederholt. Welche beiden Mannschaften standen sich gegenüber?

22 Welches Pokalfinale war das am schlechtesten besuchte in der Geschichte dieses Wettbewerbs?

23 Wann erreichte zum ersten Mal eine Mannschaft aus den neuen Bundesländern nach der Wiedervereinigung das Finale des DFB-Pokals?

Die Antworten finden Sie im Lösungsteil auf den Seiten 258 und 304.

24 Wie oft wurden Wiener Mannschaften DFB-Pokalsieger?

25 1996/97 kam es in der Zweiten Liga zu einem Zweitligaduell der besonderen Art. Der SV Meppen, die graue Maus der Zweiten Liga und Inbegriff des provinziellen Fußballs, traf auf den Bundesliga-Absteiger und Großstadtklub Eintracht Frankfurt. Wie lautete das Ergebnis dieses Spiels?

26 Bei welchen Spielen der ersten Vereinspokaljahre (1935 bis 1937) war die Polizeipräsenz besonders hoch?

27 Welcher spätere Bundestrainer erzielte im Finale 1953 den 1:2-Ehrentreffer für Alemannia Aachen gegen Rot-Weiß Essen?

28 Wer war der erste DFB-Pokalsieger überhaupt?

29 KSC-Keeper Oliver Kahn wurde im DFB-Pokal 1993/94 im Spiel gegen Borussia Mönchengladbach auf dem Bökelberg von einem hartschaligen Gegenstand getroffen. Der KSC protestierte und das Spiel (Endstand 5:3 nach Verlängerung) wurde wiederholt. Welcher Gegenstand verursachte Oliver Kahn arge Kopfschmerzen?

30 Wer gewann das Wiederholungsspiel?

31 Welcher Klub spielte im Finale 1957 mit folgender Aufstellung: Fazekas, Knauer, Bauer, Mayer, Landerer, Manthey, Siedl, Sommerlatt, Velhorn, Jobst und Huber?

Die Antworten finden Sie im Lösungsteil Seite 258.

32 In welchem Nachkriegsjahr wurde erstmals wieder ein Vereinspokalsieger ermittelt?

33 Welche Mannschaft erreichte bis 1998 am häufigsten das Halbfinale?

34 In welcher Stadt ist der Verein Bergmann Borsig ansässig, der 1989/90 in der zweiten Runde den SC Freiburg eliminierte?

35 Welches Pokalfinale hatte bis 1998 die meisten Zuschauer?

36 Wann wurde das erste DFB-Pokalfinale erst in der Verlängerung entschieden?

37 In der ersten Hauptrunde 1971/72 (es gab Hin- und Rückspiele) siegte Schalke zu Hause gegen Hertha BSC Berlin mit 3:1, das Rückspiel ging mit 0:3 verloren. Nach Adam Riese wäre Hertha eine Runde weiter gewesen. Warum durfte Schalke trotzdem weiter am Turnier teilnehmen?

38 Wie schnitt Schalke 04 in diesem Turnier ab?

39 Warum traten in der ersten Runde des Pokalwettbewerbs 1993/94 nur 24 Mannschaften gegeneinander an?

Die Antworten finden Sie im Lösungsteil Seite 258/259.

40 1960 wurde der FK Pirmasens disqualifiziert, weil er in der Vorschlussrunde einen nicht spielberechtigten Spieler in seinen Reihen hatte. Welche Mannschaft, die Pirmasens mit 4:3 besiegt hatte, zog dafür ins Finale ein?

41 Welche Pokalfinals waren bis 1998 die torreichsten, die in der regulären Spielzeit entschieden wurden?

42 Bernd Hölzenbein oder Karl-Heinz Körbel? Wer schoss das einzige Tor für die Frankfurter Eintracht im Finale 1975 gegen den MSV Duisburg?

43 In welchem Pokalfinale hielt „Katsche" Schwarzenbeck Franz Beckenbauer nicht den Rücken frei? 1966, 1967 oder 1969?

44 In welchem Pokalfinale schoss Bomber Gerd Müller nicht mindestens zwei Tore? 1966, 1967 oder 1969?

45 Wer erzielte beim 2:0-Sieg des VfB Stuttgart gegen Energie Cottbus 1997 beide Tore für die Schwaben?

46 Wie hieß der Ungar, der 1988 das 1:0 für Eintracht Frankfurt im Pokalfinale gegen den VfL Bochum erzielte?

47 Wer war 1988 beim Pokalsieg Coach von Eintracht Frankfurt?

48 Wer wurde der erste Pokalsieger, der nicht in der Ersten Liga spielte?

Die Antworten finden Sie im Lösungsteil Seite 259.

49 Gegen welchen Gegner wurde Borussia Mönchengladbach 1995 DFB-Pokalsieger?

50 Welcher Verein war erfolgreicher: Der Meidericher SV im Pokal 1966 oder der MSV Duisburg 1967?

51 Wer war der einzige Pokalfinalist mit einem Doktortitel?

52 Was wäre zum ersten Mal eingetroffen, wenn im Finale 1994 zwischen Werder Bremen und Rot-Weiß Essen der Klub aus der Zweiten Liga den Cup geholt hätte?

53 Warum kam Borussia Mönchengladbach 1972/73 in die nächste Runde des DFB-Pokals, obwohl sie beim Zweitligisten Freiburger FC mit 1:3 verloren hatte?

54 In welchem Jahr durfte im DFB-Vereinspokal zum ersten Mal eine Mannschaft singen: Berlin, Berlin, wir fahren nach Berlin ...?

55 In Sandhausen sahen die Zuschauer der Erstrundenbegegnung des Wettbewerbs 1995/96 ein äußerst spannendes Elfmeterschießen zwischen dem heimischen SV und dem VfB Stuttgart. Wie lautete das Endergebnis nach Elfmeterschießen?

56 1993 stand die Amateurabteilung eines Profivereins im Finale. Wie hieß diese Mannschaft, gegen die sich der Pokalsieger Bayer Leverkusen nur knapp mit 1:0 durchsetzte?

Die Antworten finden Sie im Lösungsteil Seite 259.

57 Seit 1985 findet das Finale im Berliner Olympiastadion statt? Wie oft standen Berliner Mannschaften vorher in einem DFB-Pokalfinale?

58 Hatte nach 1985 einmal ein Berliner Klub Heimvorteil im Pokalfinale?

59 Helmut oder Erwin Kremers? Welcher der beiden Brüder erzielte im Finale 1972 zwei Tore für den FC Schalke?

60 In den achtziger Jahren wurde nur ein Finale duch ein Elfmeterschießen entschieden. Welche beiden Vereine standen sich gegenüber?

61 Welcher Zweitligist setzte sich in den neunziger Jahren sowohl im Halbfinale als auch im Finale erst im Elfmeterschießen gegen höherklassige Vereine durch – und wurde Pokalsieger?

62 Welcher Klub stand von 1989 bis 1991 dreimal im DFB-Pokalfinale?

63 Gilt auch für diesen Verein: Alle guten Dinge sind drei?

64 1986 siegte Bayern München im Finale gegen den VfB Stuttgart mit 5:2. Welcher Verein erzielte im gesamten Turnier (inklusive Finale) mehr Tore: die Bayern oder der VfB?

Die Antworten finden Sie im Lösungsteil Seite 260.

65 Wie viele Klubs nahmen am ersten DFB-Vereinspokal-Wettbewerb 1935 teil?

66 Wann nahmen erstmals Vereine aus der ehemaligen DDR am DFB-Vereinspokal teil?

67 Wie wurden die unterklassigen Teilnehmer aus Ostdeutschland ermittelt?

68 Warum kamen in der ersten Runde dieser Qualifikation Fortschritt Bischofswerda, der Chemnitzer SV und der SV Suhl 06 kampflos weiter?

69 Wie oft gelang einem DFB-Pokalsieger die Titelverteidigung?

70 Welche Spieler bildeten im Pokalfinale 1995 die Viererabwehrkette von Borussia Mönchengladbach?

71 1996/97 scheiterte der Titelverteidiger 1. FC Kaiserslautern bereits in der ersten Runde. Gegen welchen Amateurverein unterlagen die Pfälzer?

72 Welcher Pokalschreck des Jahres 1995 verbarg sich hinter diesem Namen?

73 1971/72 und 1972/73 wurden die Partien in allen Runden (mit Ausnahme des Finales) mit Hin- und Rückspiel ausgetragen. Wäre Borussia Mönchengladbach ohne diesen Modus 1973 auch Cup-Sieger geworden?

Die Antworten finden Sie im Lösungsteil Seite 260.

74 Welcher Pokalheld von Borussia Dortmund wurde später Stadionsprecher im Westfalenstadion?

75 Warum konnte sich im Finale 1987 gegen den HSV kein Spieler der Stuttgarter Kickers in die Torschützenliste eintragen?

76 Welcher Torwart wurde zwei Jahre hintereinander DFB-Pokalsieger – aber mit verschiedenen Vereinen?

Die Antworten finden Sie im Lösungsteil Seite 260.

UEFA-Pokal

UEFA-Pokal

1 Der Vorläufer des UEFA-Pokals hieß Messe-Pokal. In welchem Jahr spielte man diesen Messe-Pokal zum ersten Mal aus?

2 Wieso trug er ausgerechnet den Namen „Messe-Pokal“?

3 Welche war die erste deutsche Vereinsmannschaft, die am Messepokal (1960/61) teilnahm?

4 Konnte diese Mannschaft ein Spiel gewinnen?

5 In welchem Jahr überstand erstmals ein deutscher Verein die erste Runde?

6 In den ersten Jahren wurde der neue Wettbewerb eindeutig von Klubs aus Südeuropa dominiert. Aus welchem Land kam der erste nordeuropäische Messepokal-Sieger?

7 Seit welchem Jahr steht der Wettbewerb unter Leitung der UEFA?

8 Wer war der erste „echte“ UEFA-Pokal-Gewinner?

9 Welche Länder durften im ersten UEFA-Cup-Jahr vier Teilnehmer stellen?

10 Warum ausgerechnet diese Länder?

11 In welchem UEFA-Pokal-Finale waren zwei Bundesliga-Vereine unter sich?

Die Antworten finden Sie im Lösungsteil Seite 261.

12 Wer ging als Sieger aus diesem Duell hervor?

13 Wie viele Finalspiele wurden bisher von zwei Vereinen eines Landes bestritten?

14 Welcher der Charlton-Brüder gehörte zu den Stars des Teams von Leeds United, das zweimal den Messe-Pokal gewinnen konnte? Bobby oder Jackie?

15 1965/66 war zum ersten Mal München 1860 mit von der Partie. Gegen welchen Klub von der Insel verloren die Löwen im Viertelfinale?

16 Osteuropäische Vereine spielten im UEFA-Cup immer eine untergeordnete Rolle. Nur zwei Klubs aus dem früheren Ostblock waren siegreich. Welche?

17 Auswärtstore zählen doppelt – mithilfe dieser goldenen Europapokalregel wurde 1971 der Cup-Sieger in den beiden Finalspielen ermittelt. Welche beiden Teams konnten in beiden Endspielen zum ersten Mal keinen Sieger ermitteln?

18 Wie oft gewannen deutsche Mannschaften den UEFA-Pokal?

19 Nur drei Mannschaften gelang eine direkte Titelverteidigung des UEFA-Pokals. Welchen?

Die Antworten finden Sie im Lösungsteil Seite 261/262.

Im November 1994 traf dieser gebürtige Neapolitaner im UEFA-Pokal auf einen Verein seiner Geburtsstadt. Wie ist sein Name?

20 Warum wurde 1972 mit Tottenham Hotspurs nicht nur ein englischer Klub UEFA-Cup-Sieger, sondern auch England selbst?

21 Der Schiedsrichter des UEFA-Cup-Finales 1972 in Wolverhampton hieß Tofik Bachramow (UdSSR). Klingelt da was bei deutschen Fußball-Fans?

22 1972/73 nahmen Eintracht Frankfurt, Borussia Mönchengladbach, der 1. FC Köln und der 1. FC Kaiserslautern am UEFA-Pokal teil. Welcher der genannten Vereine schied bereits in der ersten Runde aus?

Die Antworten finden Sie im Lösungsteil auf den Seiten 262 und 304.

23 Im gleichen Jahr kam es im Achtelfinale zu einem bundesdeutschen Duell. Welchen Liga-Konkurrenten deklassierte Mönchengladbach im Rückspiel auf dem Bökelberg mit 5:0?

24 Deutschland gegen Deutschland die Zweite: Auch im Viertelfinale 1972/73 war das Los nicht auf der Seite der Deutschen. Pech vor allem für den Opponenten der übermächtigen Mönchengladbacher, den 1. FC Kaiserslautern. Wie endete das Rückspiel auf dem Bökelberg, nachdem die Borussia bereits den „Betze“ mit 2:1 gestürmt hatte?

25 Im Finale 1972/73 war die Mönchengladbacher Borussia ganz nah dran am großen Erfolg. Nach der klaren 0:3-Abfuhr auf der Insel reichte es aber zu Hause gegen Liverpool nur zu einem 2:0. Welcher zweifache Torschütze hätte noch einmal treffen müssen, um das Hinspielergebnis zu egalisieren?

26 Welcher spätere Wahl-Hamburger traf im Hinspiel für Liverpool?

27 Welcher deutsche Spieler wurde im Jahr 1972/73 Torschützenkönig des UEFA-Cup-Wettbewerbs?

28 Der Wuppertaler SV durfte 1973/74 einen kurzen Ausflug in die weite Fußballwelt unternehmen. Wie viele Etappen hatte die Reise und in welche Länder verschlug es die Ballsportler?

Die Antworten finden Sie im Lösungsteil Seite 262.

29 In der letzten UEFA-Pokal-Saison vor der WM 74 im eigenen Land machten die deutschen Klubs noch mal so richtig Fußball-Werbung. In der zweiten Runde feuerte der 1. FC Köln ein wahres Fußballfeuerwerk ab, als er nach einem 0:2 im Hinspiel seinen französischen Widersacher in der zweiten Partie mit 6:0 abschoss. Welche französische Mannschaft war das Opfer im Müngersdorfer Stadion?

30 Welchem Gegner waren die Kölner in der gleichen Spielzeit im Viertelfinale dann nicht mehr gewachsen?

31 1975 hieß der UEFA-Pokalsieger Borussia Mönchengladbach. Wie startete die Borussia in diesen Wettbewerb?

32 Überstanden 1974/75 alle deutschen Vertreter (1. FC Köln, Hamburger SV, Mönchengladbach und Düsseldorf) die erste Runde?

33 Und die zweite Runde?

34 Und das Achtelfinale?

35 Der Hamburger SV verabschiedete sich 1974/75 im Viertelfinale. Welcher italienische Rekordmeister war den Hanseaten eine Nummer zu groß?

Die Antworten finden Sie im Lösungsteil Seite 262.

36 Die Mönchengladbacher waren gefürchtete Gegner anderer deutscher UEFA-Cup-Teilnehmer. Nach 1972/73, als der Verein vom Niederrhein zwei deutsche Klubs aus dem Rennen warf, scheiterte mit dem 1. FC Köln auch 1974/75 ein bundesdeutscher Verein. Wie endete das Halbfinalhinspiel im Müngersdorfer Stadion?

37 Das erste Finale 1975 zwischen Mönchengladbach und Twente Enschede stieg auf dem Bökelberg (0:0). In welche Stadt fuhren die beiden Kontrahenten zum Rückspiel (5:1 für die Borussen)?

38 Welche Spieler waren in dieser Partie die Mönchengladbacher Matchwinner?

39 War der Pokalerfolg der Mönchengladbacher auch ein finanzieller Erfolg oder machten sie eher Verluste?

40 Warum war ein Borussen-Abwehrspieler beim Enscheder Gegentreffer nicht ganz bei (T/D)rost?

41 Warum hatte der MSV Duisburg in der ersten Runde des Wettbewerbs 1975/76 gegen Paralimni Famagusta praktisch zwei Heimspiele?

42 Der HSV war 1975/76 ab der zweiten Runde der einzige verbleibende Bundesligist und kämpfte sich bis ins Halbfinale (Gegner: FC Brügge) vor. Hätte dem HSV ein einziges Tor mehr in einem der beiden Spiele gelangt, um ins Finale zu gelangen?

Die Antworten finden Sie im Lösungsteil Seite 262/263.

43 Das Duell Ost- gegen Westdeutschland sorgte in der Spielzeit 1977/78 für Aufsehen, nicht zuletzt wegen des Ausgangs der beiden Begegnungen. Welcher Teil Deutschlands behielt in den Spielen 1. FC Magdeburg gegen Schalke 04 die Oberhand?

44 Lang, lang ist's her: Mit 4:0 und 2:1 schlug die Frankfurter Eintracht 1977/78 im Achtelfinale Bayern München. Welches Schweizer Team erzielte im Frankfurter Waldstadion zwei Treffer mehr als die Bayern und schaltete die Hessen aus?

45 Vier Jahre nach ihrem ersten Erfolg wurde Borussia Mönchengladbach 1979 erneut UEFA-Pokal-Sieger. Wer stand beim Finale im Tor der Borussia?

46 Welches Match wurde 1978/79 aus bundesdeutscher Sicht zum absoluten Sensationsspiel?

47 Wie viele deutsche Mannschaften standen 1979 im Halbfinale des UEFA-Pokals?

48 Welcher spätere Trainer von Hansa Rostock bildete damals mit Alan Simonsen das Sturmduo bei Mönchengladbach?

49 Schaltete die Borussia 1978/79 wieder einmal einen anderen deutschen Klub aus?

Die Antworten finden Sie im Lösungsteil Seite 263.

50 Das UEFA-Cup-Jahr der Deutschen: 1980 war die Bundesliga im Halbfinale unter sich. Welche Mannschaften bildeten dieses erfolgreiche Quartett?

51 Welcher Mittelfeldspieler des VfB Stuttgart galt damals als schönster Fußballer Deutschlands?

52 Was passierte mit dem fünften deutschen Teilnehmer, dem 1. FC Kaiserslautern?

53 Das erste Finalspiel 1980 zwischen Mönchengladbach und Eintracht Frankfurt fand auf dem Bökelberg statt. Mit einem knappen 3:2-Erfolg durch Tore von Kulik (2) und Matthäus im Rücken fuhren die „Fohlen“ nach Frankfurt. Das 1:0 im Rückspiel genügte den Hessen zu ihrem ersten (und bisher einzigen) Europapokalsieg. Wer erzielte das so wichtige 1:0 für die Frankfurter?

54 Wie alt war der Torschütze?

55 Wer war 1980 Cheftrainer bei Mönchengladbach?

56 1980/81 hielt der 1. FC Köln lange die deutschen Fahnen hoch. Im Halbfinale kam zwar das Aus gegen Ipswich Town, doch bereits vorher erfüllten die Domstädter weit mehr als ihr eigentliches Soll. Welchen europäischen Spitzenklub demütigten die Kölner in dessen Stadion in der zweiten Runde mit 4:0?

Die Antworten finden Sie im Lösungsteil Seite 263.

57 Welcher Holländer saß damals beim Kölner Kontrahenten auf der Trainerbank?

58 „Welch ein Fußball, klar wie Kristall, schön wie die Venus von Milo und intelligent wie eine Formel von Einstein", schwärmte eine französische Tageszeitung über den AS St. Etienne, der 1980/81 im Achtelfinale eine 5:0-Strafexpedition ins Hamburger Volksparkstadion unternahm. Wer führte bei dieser schlimmen HSV-Niederlage im französischen Team Regie?

59 Zu welchem Zwischenfall kam es in der Spielzeit 1981/82 beim Erstrundenmatch des Hamburger SV gegen den FC Utrecht?

60 Welcher Bundesligist stand im Finale des UEFA-Pokals 1982?

61 Welcher Spieler dieses Finalisten sagte 1982: „17 Jahre hat mir mein Körper treu gedient; im 18. hat er halt mal gestreikt!"?

62 Gegen welche Feierabendprofis mit einem Durchschnittsalter von 22 Jahren verlor dieser Verein die Finals 1982?

63 Welcher schwedische Torwart hütete Anfang der achtziger Jahre das Tor des 1. FC Kaiserslautern?

Die Antworten finden Sie im Lösungsteil Seite 263/264.

64 Warum musste 1982/83 das UEFA-Pokal-Spiel AEK Athen gegen den 1. FC Köln kurz vor Schluss beim Stand von 3:3 abgebrochen werden?

65 In der zweiten Runde des Pokalwettbewerbs 1982/83 gewann der 1. FC Kaiserslautern beim SSC Neapel mit 2:1. Eine italienische Zeitung lieferte danach die Überschrift: „Neapel – nach der Bombe auch noch der Spott". Welche Bombe war gemeint?

66 Welcher weltmeisterliche Legionär spielte für den UEFA-Pokal-Sieger 1984, die Tottenham Hotspurs?

67 Uli Stielike holte mit seinem Verein, Real Madrid, 1985 den UEFA-Pokal nach Spanien. Wie hieß der Sensations-Endspielgegner, der auf seinem Weg ins Finale unter anderem Mannschaften wie Dukla Prag, Paris St. Germain und Manchester United ausschaltete?

68 Zwei Wochen nach diesem Sieg verabschiedete sich Uli Stielike von Real Madrid in Richtung Xamax Neuchâtel. Wie viele Jahre spielte Stielike für Real?

69 In der UEFA-Pokalsaison 1985/86 durchschritten die Spieler und Fans von Borussia Mönchengladbach ein Tal der Tränen. In einem Riesen-Match fegten die „Fohlen" die „Königlichen" von Real Madrid mit 5:1 vom Bökelberg-Platz. Umsonst: Real Madrid zog ins Viertelfinale ein. Wie lautete das Ergebnis des Rückspiels?

Die Antworten finden Sie im Lösungsteil Seite 264.

70 Welche weitere deutsche Mannschaft verlor schließlich im Finale gegen Real?

71 Wo fand das Heimspiel der deutschen Mannschaft in diesem Finale statt?

72 Welche beiden Spieler, die für den deutschen Vertreter die Finalspiele bestritten, wechselten später in die japanische J-League?

73 In welchem Jahr kam es zum letzten Mal zu einem UEFA-Cup-Duell zwischen einem Bundesligisten und einem Qualifikanten aus Ostdeutschland?

74 Spiele deutscher Mannschaften gegen den FC Barcelona bleiben lange in Erinnerung, auch wenn es mal schwächere Begegnungen gewesen sind. 1987/88 kam Bayer Leverkusen im Viertelfinale gegen die Katalanen im eigenen Stadion nicht über ein 0:0 hinaus. Wie lautete das Ergebnis im Hexenkessel Nou Camp?

75 Welches Missgeschick passierte in diesem Spiel Bernd Schuster (FC Barcelona), wegen dem er sich nach dem Spiel als „Nazi" beschimpfen lassen musste?

76 Die Finalspiele 1988 brachten in der regulären Spielzeit keine Entscheidung. Die Heimmannschaften siegten jeweils 3:0. Beim Rückspiel mussten schließlich beide Mannschaften ins Elfmeterschießen. Bayer Leverkusen wurde bekanntlich UEFA-Pokalsieger. Gegen wen?

Die Antworten finden Sie im Lösungsteil Seite 264.

77 Welcher Bayer-Akteur verschoss damals als einziger seinen Strafstoß?

78 Wohin ging der letzte verschossene Strafstoß der unterlegenen Mannschaft? Links vorbei, rechts vorbei, über das Tor oder hielt Torwart Rüdiger Vollborn?

79 Welche DDR-Mannschaft stand im Jahr vor der Wiedervereinigung noch im Halbfinale des UEFA-Cups?

80 Welcher Verein hinderte den DDR-Klub an der Finalteilnahme?

81 Welcher Südamerikaner stürmte im Finale 1989 für den SSC Neapel?

82 Welcher der folgenden Spieler war in den Finalspielen 1988 zwischen dem SSC Neapel und dem VfB Stuttgart nicht dabei? Karl Allgöwer, Guido Buchwald, Michael Frontzeck, Asgeir Sigurvinson, Maurizio Gaudino oder Jürgen Klinsmann.

83 Wer saß in diesem Finale auf der Trainerbank des VfB Stuttgart?

84 Wer war im UEFA-Pokal erfolgreicher: Der FC Karl-Marx-Stadt 1989/90 oder der Chemnitzer FC 1990/91?

Die Antworten finden Sie im Lösungsteil Seite 264/265.

85 Im Viertelfinale kam es 1989/90 zu einer Neuauflage des Finalspiels des Europapokals der Landesmeister 1983 zwischen dem Hamburger SV und Juventus Turin. Gelang Turin die Revanche?

86 Zwei italienische Vereine standen 1990 einem rein deutschen UEFA-Pokal-Finale im Wege. Welche Bundesligisten schalteten Juventus Turin und der AC Florenz im Halbfinale aus?

87 Im UEFA-Pokal-Wettbewerb 1990/91 erlebte ein Bundesligist in der ersten Runde gegen den dänischen Verein Bröndby IF sein Europa-Cup-Waterloo. Wer verlor in Dänemark mit 0:5 und konnte diesen Rückstand im Rückspiel nicht mehr wettmachen?

88 Bröndby, das bis ins Halbfinale vordringen konnte, warf im Achtelfinale noch einen weiteren deutschen Klub aus dem Wettbewerb. Welchen?

89 Welche drei frisch gebackenen deutschen Weltmeister standen beim UEFA-Pokal-Sieg 1991 bei Inter Mailand unter Vertrag?

90 Schoss einer von ihnen in einem der Finalspiele ein Tor?

91 Welcher italienische Mannschaftskollege der drei Deutschen wechselte später zum FC Bayern München?

Die Antworten finden Sie im Lösungsteil Seite 265.

92 Das UEFA-Cup-Finale 1993 lautete Borussia Dortmund gegen Juventus Turin. Welche beiden Turiner verpflichtete Dortmund ein Jahr nach diesem verlorenen Finale im Doppelpack?

93 Wie hieß der dritte Legionär im Trikot von Juventus, den es ein Jahr nach diesen beiden zurück in die Heimat zog?

94 Welche Namensvettern erledigten die Borussia im Finale praktisch im Alleingang?

95 Norwich City blamierte im UEFA-Cup-Wettbewerb 1993/94 eine deutsche Mannschaft auf eigenem Platz gehörig. Welchen Bundesligisten schlugen die Engländer mit 2 : 1 und bescherten ihm damit den Knock-out?

96 Euro-Fighter wurden die Spieler des Karlsruher SC nach dem Rückspiel in der zweiten Runde des UEFA-Cups 1993/94 genannt. Beim 7 : 0 im Karlsruher Wildparkstadion spielte der KSC wie im Rausch und ließ die 1 : 3-Hinspielniederlage auf fremdem Platz schnell vergessen. Wer war der Gegner bei diesem KSC-Sieg, mit dem die Badener zweifelsohne ein Stück Fußballgeschichte schrieben?

97 Wer erzielte in diesem Spiel allein vier Tore und wurde fortan „Euro-Eddy" genannt?

98 Was passierte diesem Spieler einige Tage vor diesem Klassespiel?

Die Antworten finden Sie im Lösungsteil Seite 265.

Europapokal der Pokalsieger

Europapokal der Pokalsieger

1 Wann wurde der Europapokal der Pokalsieger erstmals ausgespielt?

2 Wer ergriff die Initiative und forderte von der UEFA die Ausrichtung eines Europapokals für die Pokalsieger?

3 Warum nahmen am ersten Wettbewerb nur 14 Mannschaften teil?

4 Aus welchem Land kamen die meisten Sieger dieses Wettbewerbs? Aus Italien, Spanien oder England?

5 Wie viele Tore schoss der erste deutsche Vertreter im Europapokal der Pokalsieger, Borussia Mönchengladbach, 1960/1961?

6 Welcher Schwede führte im Mittelfeld des ersten Europapokalgewinners der Pokalsieger AC Florenz Regie?

7 Welche war die erste deutsche Mannschaft, die den Pokal der Pokalsieger gewann?

8 Der Pokalsieger welchen Landes stoppte im Finale 1962 den Vorjahressieger?

9 Warum konnte ihm dies nicht schon im Jahr davor gelingen?

Die Antworten finden Sie im Lösungsteil Seite 265/266.

10 Im Finale 1963 stand erneut der Titelverteidiger. Welche „Heißsporne“ führten diesen im Endspiel aber mit 5:1 vor?

11 Wie hieß 1963 der Stürmer-Star des Cup-Siegers, der zuvor für die Schnapssumme von 99.999 Pfund vom AC Mailand in seine Heimat zurückgekehrt war?

12 Welche deutsche Mannschaft stieß erstmals in das Halbfinale dieses Wettbewerbs vor?

13 Welche deutsche Mannschaft konnte vor diesem Sieg schon einmal einen Europapokal gewinnen?

14 Wie oft gewann der FC Barcelona bisher den Pokal der Pokalsieger?

15 Welche Mannschaft aus der DDR wurde 1974 Sieger dieses Wettbewerbs?

16 Wann gewann der letzte deutsche Vertreter den Pokal der Pokalsieger?

17 Wie hieß der Gegner des Hamburger SV im Finale 1977?

18 Wer war damals der Kapitän des HSV?

19 Wer schoss die beiden Tore zum 2:0-Erfolg der Hanseaten?

Die Antworten finden Sie im Lösungsteil Seite 266.

20 Wer stand 1965 bei der Final-Niederlage von 1860 München gegen West Ham United im Tor der Löwen?

21 Warum hatte West Ham United (mit seinem Star Bobby Charlton) in diesem Finale praktisch ein Heimspiel?

22 In den sechziger Jahren erreichten gleich vier deutsche Vereine das Finale dieses Wettbewerbs. Welche waren das?

23 Musste Borussia Dortmund auf dem Weg zu ihrem Pokalerfolg 1966 eine Niederlage einstecken?

24 Auf der rechten Dortmunder Seite spielten 1966 „Stan" Libuda und Aki Schmitt. Welche beiden WM-Teilnehmer von 1966 beherrschten die linke Seite?

25 Wessen verunglückte Flanke, die eigentlich Sigi Held galt, senkte sich zum Entsetzen der Liverpooler Fans im Endspiel 1966 ins Netz?

26 Welcher spätere Bundesliga-Manager von Schalke 04 feierte 1966 als Spieler den Cup-Gewinn auf dem Dortmunder Borsigplatz?

27 Welcher schottische Klub wurde 1983 gegen Real Madrid Europapokalsieger?

28 Musste der Pokalsieger von 1967, der FC Bayern München, zuvor ein oder zwei Endspiele gegen die Glasgow Rangers bestreiten?

Die Antworten finden Sie im Lösungsteil Seite 266.

29 Auf welchem nicht ganz so neutralen Platz fand dieses Finale statt?

30 Wer erzielte 1967 den Siegtreffer für die Bayern?

31 Wie alt war Franz Beckenbauer beim Cup-Gewinn 1967?

32 Welcher Verein stiftete den Gewinn des Europapokals 1986 den Opfern der Atomreaktor-Katastrophe von Tschernobyl?

33 Wer verhinderte 1968 ein rein deutsches Endspiel?

34 Welcher Schwede erzielte im Finale 1968 gegen den HSV zwei Tore für den AC Mailand?

35 Wie wird die Trophäe des Europapokals der Pokalsieger genannt?

36 1968/69 kam das Aus für den deutschen Teilnehmer 1. FC Köln im Halbfinale gegen den FC Barcelona. Wie lautete der Endstand des Hinspiels im Müngersdorfer Stadion?

37 Das Finale 1970 fand in Wien vor der Minus-Kulisse von 8.000 Zuschauern statt, obwohl Manchester City zu den Endspielteilnehmern gehörte. Wer war Manchesters überaus unattraktiver Gegner?

38 Wen schlug diese Mannschaft im Halbfinale?

Die Antworten finden Sie im Lösungsteil Seite 266/267.

Die doppelte Dortmund-Frage: Wie viele Tore schoss dieser Dortmunder (im Bild rechts) im Finale der Champions-League 1997 für seinen Klub? In welchem Jahr gewann Borussia Dortmund den Europapokal der Pokalsieger?

39 Wer war der erfolglose deutsche Vertreter in der Spielzeit 1970/71?

40 Gegen welchen Verein ereilte ihn schon in der ersten Runde das Aus?

41 Wie weit kam dieser deutsche „Pokalsieger-Schreck" in diesem Wettbewerb?

Die Antworten finden Sie im Lösungsteil auf den Seiten 267 und 304.

42 Das Finale 1971 in Athen wurde von einem Kritiker wie folgt beschrieben: „Das Florett führte Real mit Witz und Rasse, aber eben nur halb so effektvoll wie einst di Stefano, Puskas und Kopa. Den Säbel schlug der Gegner, athletisch, schematsich, geradlinig.“ Welcher Europapokalsieger hatte da den Säbel in der Hand?

43 Gegen welche osteuropäische Bierhochburg behielt die deutsche Bierhauptstadt (Bayern) München in der ersten Runde des Pokalsiegerwettbewerbs 1971/72 die Oberhand?

44 Welche beiden deutschen Mannschaften standen 1971/72 im Halbfinale?

45 Warum musste der Pokal nach dem Endspiel 1972 in Barcelona in der Kabine überreicht werden?

46 Wieso konnten die Schotten 1972/73 ihren Titel nicht erfolgreich verteidigen?

47 1973/74 wurde nur knapp ein Finale Ost- gegen Westdeutschland verhindert. Von wem?

48 Warum musste die Siegermannschaft des Jahres 1973, der AC Mailand, nach dem Finale in Saloniki ihre Ehrenrunde abbrechen, weil sie mit Sitzkissen beworfen wurde?

Die Antworten finden Sie im Lösungsteil Seite 267.

49 Wie viele Zuschauer wollten 1974 den 1. FC Magdeburg im Finale 2:0 gegen Mailand in Rotterdam gewinnen sehen?

50 1975 war das Jahr der Ostblockstaaten. Im Finale blieben sie ganz unter sich (Dynamo Kiew siegte über Ferencvaros Budapest 3:0), im Halbfinale war nur ein einziger Staat Westeuropas vertreten. Welcher?

51 Eintracht Frankfurt nahm 1974/75 und 1975/76 am Pokalsiegerwettbewerb teil. In welcher Spielzeit waren sie erfolgreicher?

52 Welche HSV-Spieler, die mit ihrer Mannschaft 1977 den Europapokal der Pokalsieger gewannen, waren später als Bundesliga-Trainer tätig?

53 Und welcher der beiden war in diesem Spiel auch noch einer der beiden Torschützen?

54 Welcher HSV-Keeper hielt im Finale 1977 gegen den RSC Anderlecht seinen Kasten sauber?

55 Wer trainierte 1977 die Hanseaten?

56 Welchen Anderlecht-Stürmer schaltete der Nationalverteidiger des HSV, Manfred Kaltz, im Finale 1977 aus?

Die Antworten finden Sie im Lösungsteil Seite 267/268.

57 1977/78 durften aufgrund des Titelgewinns im Vorjahr zwei deutsche Mannschaften (HSV und 1. FC Köln) ran. Beide scheiterten jedoch vorzeitig. Wer durfte sich zuerst wieder „auf die Meisterschaft konzentrieren“?

58 Mit viel mehr Glück als Fußballverstand mogelte sich Fortuna Düsseldorf 1978/79 bis ins Finale gegen den „großen“ FC Barcelona. Das Endspiel wurde dann aber ein Knaller. Welcher der beiden Allofs-Brüder erzielte beim hart umkämpften 4:3-Sieg Barcelonas einen Treffer für die Fortuna?

59 Welcher Österreicher, der schon vorher als „Deutschland-Killer“ Berühmtheit erlangt hatte, goalte in diesem Spiel auf Kosten der Rheinländer ein?

60 Welches – gerade zehn Tage zurückliegende – Ereignis steckte der Österreicher dabei scheinbar spurlos weg?

61 Welcher zweifache Fortuna-Torschütze kommentierte das Finale 1979 mit den Worten: „Lieber schlecht gespielt und gewonnen als gut gespielt und verloren. So etwas kann man nur schwer verdauen.“?

62 Für den Vorjahresfinalisten Düsseldorf kam 1979/80 schon früh das Aus. Gegen welchen Glasgower Traditionsklub verlor man in der ersten Runde (eine 50:50-Chance, nicht wahr?)?

Die Antworten finden Sie im Lösungsteil Seite 268.

63 Zwei gefeierte Weltmeister wurden 1980 mit dem FC Valencia Europapokalsieger der Pokalsieger. Welche?

64 Welcher von beiden erlaubte sich im Finale sogar den Luxus eines verschossenen Strafstoßes im Elfmeterschießen?

65 Welche Spieler-Legende trainierte im Finale 1980 den FC Valencia?

66 Was passierte diesem Valencia-Coach nach dem Europapokal-Sieg?

67 Welches äußerst unattraktive Pokalfinale sahen 1981 nur 9.000 Düsseldorfer?

68 Welches deutsche Schiedsrichter-Denkmal leitete am 12. Mai 1982 das Finale zwischen dem FC Barcelona und Standard Lüttich?

69 Musste der deutsche Schiri damals Überstunden machen?

70 Welches andere deutsche Fußball-Denkmal war ebenfalls mit von dieser Partie?

71 Zum wievielten Male holte der FC Aberdeen den Europapokal der Pokalsieger 1983 nach Schottland?

Die Antworten finden Sie im Lösungsteil Seite 268.

72 Wie hieß der Rotschopf, der maßgeblichen Anteil am Erfolg Aberdeens hatte und um den sich nach dem Erfolg die Vereine Europas rissen?

73 Warum musste Bayern München 1982/83 um den Einzug ins Achtelfinale bangen?

74 Welcher Franzose führte Juventus Turin 1984 in Basel zum 2:1-Finalsieg über den FC Porto?

75 Wie hieß der Torhüter von Mersin Idmayurdu, der 1983/84 im Hinspiel der ersten Runde gegen ESK Spartak Varna seinen Kasten sauber hielt?

76 Welche Mannschaft spielte im Halbfinale 1984/85 gegen den FC Bayern nach Aussage von Reinhold Mathy, „als ob sie Angst hätte, wieder arbeitslos zu werden"?

77 Bayer Uerdingen schlug sich 1985/86 tapfer und drang überraschend bis ins Halbfinale vor. Wem musste sich Uerdingen hier zu Hause mit 2:3 geschlagen geben?

78 Wen fertigte Uerdingen im Halbfinalrückspiel 1985/86 mit 7:3 ab?

79 Wer war in diesem Spiel der Kapitän des Uerdinger Gegners, der sagte: „Wien (hier wurde dieses Team im Jahr vorher abgeschossen) war schon schrecklich, aber Krefeld war noch schrecklicher und für mich nicht zu begreifen."?

Die Antworten finden Sie im Lösungsteil Seite 268/269.

80 Der VfB Stuttgart enttäuschte in der Spielzeit 1986/87 vollends: In der ersten Runde ein knapper 1:0-Heimsieg gegen Spartak Trnava, im Achtelfinale im eigenen Stadion mit 3:5 gedemütigt – von welcher Mannschaft?

81 Wer erzielte am 13. Mai 1987 in Athen den einzigen Treffer für Ajax Amsterdam im Finale gegen Lokomotive Leipzig?

82 Welcher Trainer sorgte 1987 dafür, dass Ajax nach 14 Jahren wieder eine internationale Trophäe mit nach Hause nehmen konnte?

83 Welche Prämie hätte die Spieler von Lokomotive Leipzig erwartet, wenn sie den Pokal in die DDR geholt hätten?

84 Ajax Amsterdam, Finalist des Jahres 1988, musste erst im achten Spiel des laufenden Wettbewerbs einen Gegentreffer hinnehmen. Welche französische Mannschaft schenkte den Holländern dann aber im Halbfinale vor heimischem Publikum „zwei Dinger ein"?

85 Welcher Ajax-Akteur beging im Finale 1988 bereits in der 16. Minute ein „blindes" Foul und wurde vom Platz gestellt?

86 Wie hieß der belgische Nationaltorwart des KV Mechelen beim Cup-Sieg 1988?

Die Antworten finden Sie im Lösungsteil Seite 269.

Europapokal der Pokalsieger

87 Im siegreichen Team des FC Barcelona standen 1989 zwei Spieler, die zu den Stars der Weltmeisterschaft 1986 gehörten. Welche?

88 Wer saß beim 1989 FC Barcelona auf der Trainerbank?

89 Warum wurde die Zuschauerzahl für das Finale 1989 in Bern auf nur 43.000 begrenzt?

90 Wer vertrat Deutschland 1989/90 im Pokalsiegerwettbewerb und musste sich im Achtelfinale dem späteren Sieger Sampdoria Genua beugen?

91 Welche deutsche Mannschaft schaltete Sampdoria Genua ein Jahr später bereits in der ersten Runde aus?

92 1992 holte Werder Bremen den Europapokal an die Weser. Musste der SV Werder auf seinem Weg ins Finale eine Niederlage einstecken?

93 Wer waren die Schützen der Finaltore (Endstand: 2:0) gegen den AS Monaco?

94 Welche äußerst unglückliche Konstellation ergab sich in der ersten Runde des Pokalsiegerwettbewerbs 1992/93?

95 Wer entschied dieses deutsch-deutsche Duell für sich?

96 Spielte Hannover damals in der Ersten Liga?

Die Antworten finden Sie im Lösungsteil Seite 269.

Europapokal der Pokalsieger

97 1993/94 kam es im Ulrich-Haberland-Stadion zu einer Sternstunde in der Geschichte des Europacups. Leider schied Bayer Leverkusen nach diesem grandiosen Euro-Krimi aus. Welche Mannschaft rang dem Bayer-Team ein 4:4 ab und zog eine Runde weiter?

98 Welche Mannschaft lag bei diesem Spiel bis in der 58. Minute mit 2:0 in Führung?

99 Wie stand es bereits zwei Minuten später?

100 In der wievielten Minute gelang dem Russen Wolkow noch der 4:4-Ausgleich?

101 Deutsch-holländische Fußballduelle versprechen Spannung und jede Menge Emotionen. Welches holländische Team überkamen im Achtelfinalrückspiel 1994/95 Glücksgefühle bei seinem 4:3-Erfolg im Weserstadion?

102 Gegen welches deutsche Team lachte sich die gleiche Mannschaft ein Jahr später ins Fäustchen?

103 Wie hieß der auch im Pokalfinale 1997 äußerst effektive Ein-Mann-Sturm des FC Barcelona?

104 Welcher Zahnarzt konnte die Zahnspange dieses Spielers aus der Nähe begutachten?

Die Antworten finden Sie im Lösungsteil Seite 270.

Europapokal der Landesmeister/ Champions League

Europapokal der Landesmeister/Champions League

1 Wann wurde der Europapokal der Landesmeister zum ersten Mal ausgetragen?

2 Was war der Mitropa-Cup und wieso gilt er als Vorläufer des Europapokals der Landesmeister?

3 Wer gilt als Vater des Europapokals der Landesmeister?

4 Wie hieß der erste deutsche Vertreter?

5 In welcher Runde scheiterte die deutsche Mannschaft?

6 Welche Mannschaft gewann diesen Wettbewerb fünf Jahre in Folge?

7 Wer erzielte im Finale 1995 (Ajax Amsterdam gegen AC Mailand) das goldene Tor für die Holländer?

8 Wer erzielte 1993 im Finale das Siegtor für Olympique Marseille?

9 Was zeigte das ZDF beim Europapokal-Finale 1985 zwischen Liverpool und Juventus Turin nicht?

10 Welcher Spieler gewann als Erster den Landesmeisterwettbewerb mit zwei verschiedenen Mannschaften?

11 Wo fand das Finale 1983 zwischen dem HSV und Juventus Turin statt?

Die Antworten finden Sie im Lösungsteil Seite 270.

12 Wie hieß der Gegner von Bayern München im Finale 1974?

13 Wie lautete das Ergebnis im Wiederholungsspiel?

14 Im Finale 1986 gegen den FC Barcelona hielt der Torwart von Steaua Bukarest im entscheidenden Elfmeterschießen alle sechs Elfmeter der Spanier. Wie ist sein Name?

15 Wie lautete damals das Endergebnis?

16 Warum wurde Dynamo Kiew 1995/96 nach dem ersten Spiel gegen Panathinaikos Athen disqualifiziert?

17 Wer rückte für die Ukrainer in den Wettbewerb?

18 War diese Mannschaft ein würdiger Vertreter Kiews?

19 Real Madrid wurde sechsmal Pokalsieger der Landesmeister. Wie oft gelang dieses Kunststück seinem Rivalen FC Barcelona?

20 1964 scheiterten die Borussen aus Dortmund im Halbfinale an welchem Verein?

21 Wen schaltete der spätere Cupsieger AC Mailand 1989/90 im Halbfinale aus?

Die Antworten finden Sie im Lösungsteil Seite 270/271.

22 Wie viele Weltmeister von 1974 standen noch für den FC Bayern im Europapokalfinale der Landesmeister 1982 gegen Aston Villa?

23 In welcher Saison gab es zum ersten Mal Gruppenspiele im Landesmeisterwettbewerb?

24 Wie wurden 14 Spiele in der Geschichte des Landesmeister-Wettbewerbs entschieden?

25 Wem unterlag Borussia Dortmund 1995/96 im Viertelfinale?

26 Welchen Tabellenplatz nahmen die Borussen in diesem Jahr in der Gruppe C ein?

27 Welcher Verein schied 1987/88 ungeschlagen aus dem Wettbewerb aus?

28 Welchem spanischen Verein unterlag Eintracht Frankfurt 1960 erst im Finale mit 3:7?

29 Gelang es auch Vereinen des ehemaligen Ostblocks, den Wettbewerb zu gewinnen?

30 In welchem Jahr stellte Deutschland zum ersten Mal zwei Vertreter für diesen Wettbewerb?

31 Welche beiden Vereine nahmen in diesem Jahr teil?

Die Antworten finden Sie im Lösungsteil Seite 271.

32 Welcher Klub war in diesem Jahr erfolgreicher?

33 1983/84 schied der HSV im Achtelfinale gegen Dinamo Bukarest aus. Wie hieß der Hamburger Gegner in der ersten Runde?

34 Wer waren die Stars im Team von Roter Stern Belgrad beim Europapokalsieg 1991?

35 Das Finale 1996 zwischen Juventus Turin und Ajax Amsterdam musste im Elfmeterschießen entschieden werden. Wie viele Schüsse der Holländer hielt Juventus-Schlussmann Peruzzi?

36 Wer konnte aufseiten der Holländer nicht verwandeln?

37 1989 und 1990 holte der AC Mailand zweimal hintereinander den Pokal der Landesmeister nach Italien. Aus welchem Land kamen die Mailänder Schützen der Endspieltore?

38 Welcher Stürmer, der mit dem FC Liverpool 1977 den Cup gewann, fehlte bei der erfolgreichen Titelverteidigung im nächsten Jahr?

39 In welchem Stadion wurde das erste Finale 1956 ausgetragen?

40 In welchen Alptraum wurde das Traumfinale 1985 zwischen dem FC Liverpool und Juventus Turin im Brüsseler Heysel-Stadion verwandelt?

Die Antworten finden Sie im Lösungsteil Seite 271/272.

Wie heißt dieser Luftikus, der seinen Verein Ajax Amsterdam 1995 zum Champions-League-Sieg führte?

Die Antwort finden Sie im Lösungsteil Seite 304.

41 Welche Folgen hatte die Katastrophe für den englischen Fußball?

42 Der FC Bayern München spielte 1994/95 im Landesmeisterwettbewerb. Gegen welchen Gegner verloren die Bayern dabei zweimal in ihren Gruppenspielen?

43 Was passierte 1975 mit dem französischen Unparteiischen Kitabjan nach dem Finale zwischen Bayern München und Leeds United? Der Schiedsrichter hatte Leeds um ein einwandfreies Tor und einen Elfmeter betrogen.

44 Welche Finalniederlage war laut Trainer Udo Lattek „die bitterste seiner Laufbahn"?

45 Wer schoss das geniale Hackentricktor, das den FC Bayern damals auf die Verliererstraße führte?

46 Wer hatte zuvor das Führungstor für die Münchner erzielt?

47 1982/83 traf der HSV gleich in der ersten Runde auf den Rekordmeister der DDR, Dynamo Ostberlin. Der HSV gewann das Hinspiel in Berlin. Richtig oder falsch?

48 Wann stand zum letzten Mal ein britischer Klub im Finale des Landesmeisterwettbewerbs?

49 Wie schlug sich der VfB Stuttgart im Pokalwettbewerb 1984/85?

Die Antworten finden Sie im Lösungsteil Seite 272.

50 Zum Europapokalspiel 1974 fuhr der FC Bayern mit zwei Bussen nach Magdeburg. Im ersten Bus saß die Mannschaft, was befand sich in dem zweiten Bus?

51 Wie oft konnten deutsche Mannschaften die begehrte Trophäe bis 1997 mit nach Hause nehmen?

52 Wie viele Finalspiele wurden bisher im Elfmeterschießen entschieden?

53 Wer waren die „Busby Babes"?

54 Gegen wen spielte diese Mannschaft in einem der ersten großen Matches dieses Wettbewerbs, das 135.000 Zuschauer anlockte und den Einnahmen-Weltrekord von 650.000 Mark einspielte?

55 Welches schreckliche Ende nahmen die „Busby Babes"?

56 Welcher Weltmeister des Jahres 1966 überlebte das Unglück?

57 Wie schlug sich die Rumpfelf nach dem Unglück im Halbfinale gegen den AC Mailand?

58 Wann gewann Manchester United zum ersten Mal den Europapokal der Landesmeister?

59 Wann wurde zum letzten Mal ein Endspiel wegen eines Unentschiedens auch nach Verlängerung wiederholt?

Die Antworten finden Sie im Lösungsteil Seite 272/273.

60 Der 1. FC Köln traf in der ersten Runde 1978/79 auf IA Akranes. Welches Land vertrat diese Mannschaft?

61 In den siebziger Jahren unterlag Borussia Mönchengladbach zwei Jahre hintereinander dem gleichen Gegner. Welchem?

62 In welchem Jahr standen Ararat Erewan, Ruch Chorzow und Atvidaberg FF gemeinsam im Viertelfinale des Europapokals der Landesmeister?

63 Welcher dieser Klubs schaffte den Sprung ins Halbfinale?

64 Wer erzielte in fünf Endspielen des Europapokals der Landesmeister sieben Tore für seinen Verein?

65 Aus welchem Land kam dieser Spieler?

66 Welcher Holländer war der überragende Spieler des AC Mailand beim Titelgewinn 1989?

67 Für wen war dieser Titel „sein Lebensziel"?

68 Wie viele Jahre lag zu diesem Zeitpunkt der letzte Landesmeister-Erfolg des AC Milan bereits zurück?

69 Welcher Deutsche war an diesem letzten Erfolg nicht unbeteiligt?

Die Antworten finden Sie im Lösungsteil Seite 273.

70 Wer erzielte 1972 im Finale gegen Inter Mailand beide Treffer für Ajax Amsterdam?

71 Welchen Verein demontierte Borussia Mönchengladbach in der ersten Runde des Landesmeisterwettbewerbs 1970/71 mit 6:0 und 10:0?

72 Wem unterlag im gleichen Jahr Mönchengladbach eine Runde später im Elfmeterschießen?

73 Wer war der großartige Mittelfeldregisseur der Frankfurter Eintracht, der auch im Halbfinale 1959/60, bei den grandiosen Siegen über die Glasgow Rangers, die Fäden zog?

74 Musste der große FC Bayern der siebziger Jahre schon einmal in der ersten Runde die Segel streichen?

75 Wer schoss 1983 das Hamburger Traumtor beim 1:0-Finalsieg des HSV gegen Juventus Turin?

76 In welcher Stadt fand dieses Spiel statt?

77 Welche Sprachführer mussten die Spieler von Eintracht Braunschweig 1966/67 in ihre Koffer packen, als sie zu den Auswärtsspielen reisten?

78 Wie viele der bisher 22 Finalspiele wurden von deutschen Schiedsrichtern geleitet?

Die Antworten finden Sie im Lösungsteil Seite 273.

79 Warum gewann nach Meinung von Experten nach dem AC Mailand 1969 für lange Zeit keine südländische Mannschaft mehr den Landesmeisterpokal?

80 Im Achtelfinale 1970/71 endeten beide Partien von Borussia Mönchengladbach gegen den FC Everton mit 1 : 1. Die Entscheidung fiel im Elfmeterschießen. Mit welchem Ausgang?

81 Wer ließ sich vor dem Spiel von Trainer Hennes Weisweiler garantieren, dass er nicht zu den möglichen Elfmeterschützen gehören würde?

82 Gegen welche Mannschaft zeigte der deutsche Meister Werder Bremen in der ersten Runde des Europapokals 1988/89 eine peinliche 0:3-Vorstellung?

83 Wie endete im Rückspiel das „Wunder auf Bestellung"?

84 Welcher Torhüter, der damals als „der beste der Welt" galt, hatte maßgeblichen Anteil an den beiden Titelgewinnen von Nottingham Forest 1979 und 1980?

85 Warum wurde das legendäre 7 : 1 der Mönchengladbacher über Inter Mailand im Achtelfinalhinspiel 1971/72, das wegen eines Büchsenwurfs später annulliert wurde und als eines der absoluten Highlights des deutschen Vereinsfußballs gilt, nicht im Fernsehen übertragen?

Die Antworten finden Sie im Lösungsteil Seite 273/274.

86 Gegen welchen Außenseiter schied der Titelverteidiger Nottingham im folgenden Jahr bereits in der ersten Runde aus?

87 Kam der Schiedsrichter, der das Finale 1963 zwischen dem AC Mailand und Benfica Lissabon leitete, aus England oder aus Holland?

88 1964/65 musste der 1. FC Köln im Viertelfinale dreimal hintereinander gegen die gleiche Mannschaft antreten, warum?

89 Warum war der portugiesische Weltklassespieler Eusebio nicht sauer darüber, dass er im Finale gegen den FC Barcelona 1961 kein Tor schoss?

90 Im Halbfinale des Europapokals der Landesmeister kam es im Halbfinale 1959/60 zum Klassiker Real Madrid gegen den FC Barcelona. Wer konnte die beiden Partien für sich entscheiden?

91 Welches Europapokalspiel von Borussia Mönchengladbach hatte die meisten Zuschauer?

92 Wie lautete der Endstand dieses Spiels?

93 Warum waren die Borussen-Fans nach diesem Spiel sehr, sehr sauer?

Die Antworten finden Sie im Lösungsteil Seite 274.

94 Was hatten die sechs Endspiele von 1978 bis 1982 gemeinsam?

95 1980/81 traf der FC Bayern München im Halbfinale auf den FC Liverpool. Nachdem die Münchner an der gefürchteten Anfield Road ein 0:0 erkämpft hatten, tönte ein Bayern-Spieler, Liverpool würde einen dummen Fußball spielen, dem er und seine Mannschaft „in München ein verdientes Ende bereiten würden". Wer puschte die Engländer mit diesen Worten unabsichtlich auf?

96 Wie lautete das Ergebnis des Rückspiels?

97 Welcher deutsche Spieler erreichte mit seiner Mannschaft das Cup-Finale 1981?

98 1993/94 gab es für Werder Bremen in der Gruppe B eine peinliche 0:5-Schlappe gegen den FC Porto. Welcher spanische Verein schaltete den portugiesischen Meister im Halbfinale aus?

99 Gegen welchen Gruppengegner konnte der SV Werder dagegen 1993/94 doppelt punkten?

100 Wer war 1994 Trainer des FC Barcelona und kündigte vor dem Finale gegen den AC Mailand eine „Lehrstunde" für die Italiener an?

101 Wie lautete das Endergebnis?

Die Antworten finden Sie im Lösungsteil Seite 274.

Europa-
meisterschaften

Europameisterschaften

1 In welchem Jahr fand das erste EM-Finale statt?

2 Die UdSSR erreichte das Halbfinale 1960 kampflos. Warum?

3 Wie viele Mannschaften nahmen an den ersten europäischen Meisterschaften teil?

4 In welchem Stadion fand das erste EM-Finale statt?

5 In welchem Jahr nahm England erstmals an der EM teil?

6 Welcher Däne wurde 1964 mit 11 Treffern Torschützenkönig der Endrunde?

7 Welcher legendäre russische Torhüter und Europas Fußballer des Jahres hielt 1964 einen Elfmeter und rettete so den Sieg gegen die Italiener?

8 Welcher Schwede feierte 1964 im Zweitrundenmatch gegen die UdSSR seinen 80. Länderspieleinsatz?

9 Über 100.000 Zuschauer sahen den Sieg der Spanier im Endspiel 1964. Wie hieß ihr Gegner?

10 Welcher berühmte italienische Nationalspieler stand 1968 an der Spitze der Torschützenliste?

11 Auf welches Team traf Deutschland in der Qualifikationsrunde 1968 im so genannten „Spiel des Jahres“?

Die Antworten finden Sie im Lösungsteil Seite 275.

12 Gegen welche Mannschaft spielte Deutschland in der Qualifikation zur EM 1968 nur 0:0 und verpasste dadurch die Viertelfinalrunde?

13 Welche Fußballarena beherbergte mit 134.000 Zuschauern die größte Fangemeinde der EM-Geschichte?

14 Welcher englische Spieler hinkte im Qualifikationsspiel gegen Schottland 1968 mit einer gebrochenen Zehe vom Platz, spielte dann aber weiter und schoss noch ein Tor?

15 Mit welcher ungewöhnlichen Methode erreichte Italien 1968 das Finale?

16 Welche Mannschaft gewann die Europameisterschaft 1968 vor heimischem Publikum?

17 Welcher deutsche Spieler wurde 1972 mit 11 Treffern Torschützenkönig und war der unangefochtene Star des Turniers?

18 Welches Team konnte 1972 nur mit einer dezimierten Mannschaft antreten, weil sein Verband wichtige Spieler der WM-Elf von 1970 wegen angeblicher wirtschaftlicher Aktivitäten aus der Nationalelf verbannt hatte?

19 Welches Land war Gastgeber des Endturniers 1972?

20 Wer erreichte 1972 bei seiner vierten Teilnahme zum dritten Mal das Finale und verlor dann gegen Deutschland?

Die Antworten finden Sie im Lösungsteil Seite 275.

21 Welches Team schlug die DDR 2:1 und gewann somit 1976 sein allererstes Match in der Geschichte der EM?

22 Das Viertelfinale zwischen Wales und Jugoslawien 1976 wurde beinahe abgebrochen. Warum?

23 Das Finale 1976 war das erste, das mit Elfmeterschießen entschieden wurde. Wer waren die beteiligten Mannschaften?

24 Wer schoss in diesem Elfmeterschießen als einziger vorbei?

25 Wer verwandelte den entscheidenden Elfmeter für die Tschechoslowaken?

26 Welches Land wurde zum Gastgeber der EM 1980 bestimmt?

27 In der Qualifikation zur EM 1980 trafen die Mannschaften von Nordirland und der Republik Irland erstmals aufeinander. Wie lautete das Endergebnis?

28 Wer schoss 1980 im Gruppenspiel gegen Holland einen Hattrick für die deutsche Mannschaft?

29 Wer traf im Finale 1980 zweimal für die deutsche Elf?

30 Wer war der Gegner der deutschen Mannschaft?

Die Antworten finden Sie im Lösungsteil Seite 275/276.

31 Welcher französische Mittelfeldspieler war der unangefochtene Star des Turniers 1984 und wurde auch Torschützenkönig?

32 Welches Land war Gastgeber der Endrunde 1984?

33 Welches Team qualifizierte sich für die Endrunde 1984 durch einen 12:1-Sieg gegen Malta und wurde prompt der Manipulation beschuldigt, da es mit genau 11 Toren Unterschied hatte gewinnen müssen?

34 Welches Land musste aufgrund dieses verrückten Ergebnisses zu Hause bleiben?

35 Welcher französische Verteidiger verpasste Jesper Olsen 1984 einen Kopfstoß, sah die rote Karte und wurde für die nächsten drei Begegnungen gesperrt?

36 Welcher 18-jährige Belgier führte seine Mannschaft 1984 zu einem grandiosen Sieg gegen Jugoslawien?

37 Michel Platini schoss im EM-Turnier 1984 gleich zwei Hattricks. Welche Gegner mussten dabei tatenlos zusehen?

38 Welcher erfahrene portugiesische Stürmer traf in seinem 65. Länderspieleinsatz gegen Rumänien und führte sein Team dadurch 1984 ins Halbfinale?

Die Antworten finden Sie im Lösungsteil Seite 276.

Wie heißt dieser Bremer Spieler (links), der zum umfeierten Star der Europameisterschaft 1996 wurde und von welchem Verein wechselte er zum SV Werder?

Die Antwort finden Sie im Lösungsteil Seite 304.

39 Wie hieß der spanische Torhüter und Kapitän, der im Endspiel 1984 den Ball nach einem Platini-Freistoß hinter der Torlinie fallen ließ?

40 Welches Land war Schauplatz der Endrunde 1988?

41 Wie hieß der italienische Torhüter, dessen Schrittfehler im Eröffnungsspiel 1988 zu einem Strafstoß führte und der deutschen Mannschaft den Ausgleich ermöglichte?

42 Welcher deutsche Spieler schoss 1988 beim Sieg über Spanien seine beiden Länderspieltore Nummer 1 und 2?

43 Für welchen dänischen Torhüter wurde das Spiel gegen Italien 1988 zum Alptraum, weil er durch seine katastrophale Leistung eine 0:2-Niederlage zu verantworten hatte und den Dänen ein Unentschieden zum Erreichen des Halbfinales genügt hätte?

44 Wer überreichte Peter Shilton 1988 für sein 100. Länderspiel einen Blumenstrauß?

45 Deutschland traf im Halbfinale 1988 auf Holland. Wann hatten die Holländer Deutschland zum letzten Mal geschlagen?

46 Welcher deutsche Spieler klagte vor dem Spiel gegen Holland über Magenschmerzen und konnte nicht teilnehmen?

Die Antworten finden Sie im Lösungsteil Seite 276.

47 Wer foulte Klinsmann im Halbfinale 1988 und verursachte somit einen Elfmeter für die deutsche Mannschaft?

48 Wer schoss und verwandelte diesen Elfmeter?

49 Welcher deutsche Spieler foulte im gleichen Spiel Marco van Basten und verschaffte den Holländern einen Strafstoß?

50 Wer stand in diesem Spiel im deutschen Tor, hatte gegen den Elfer von Ronald Koeman aber keine Chance?

51 Marco van Basten schoss in diesem Halbfinale das entscheidende Tor. Von welchem seiner Mitspieler kam der Pass?

52 Wer schoss das zweite Tor für die UdSSR im Halbfinale 1988?

53 Wer schoss im Finale 1988 das erste Tor für Holland?

54 Wessen Flanke verwertete Marco van Basten zu Hollands zweitem Tor?

55 Wie hieß der holländische Torwart, der im EM-Finale 1988 einen Elfer hielt?

56 In welcher Stadt fand das EM-Finale 1988 statt?

Die Antworten finden Sie im Lösungsteil Seite 276/277.

57 Wer trainierte damals die holländische Mannschaft?

58 Welcher dänische Spieler nahm noch mit 38 Jahren an der EM 1988 teil?

59 Welcher französische Stürmer schoss 1992 insgesamt 11 Tore und wurde Torschützenkönig?

60 In welchem Land fand die Endrunde 1992 statt?

61 Welches Team wurde 1990 auf seiner Anreise zum Qualifikationsspiel in Reykjavik auf dem Flughafen Heathrow festgehalten, weil einige Spieler angeblich an einem Ladendiebstahl beteiligt waren?

62 Welche Mannschaft stand 1992 am Ende der Qualifikationsrunde in der Tabelle vor Italien?

63 Welches Land schlugen die Färöer-Inseln in der Qualifikation zur Endrunde 1992 (Es war ihr erster und bisher einziger EM-Sieg überhaupt!)?

64 Brian Laudrup erklärte 1992 wegen Unstimmigkeiten mit dem Trainer seinen Rücktritt vom Nationalteam. Wie hieß der Trainer der Dänen?

65 Wer schoss das Tor beim Überraschungssieg der Waliser gegen Deutschland 1991?

Die Antworten finden Sie im Lösungsteil Seite 277.

66 Welcher kontroverse Spieler wurde vor dem Qualifikationsspiel gegen die Republik Irland aus dem englischen Team geworfen?

67 Wie hieß der französische Torhüter im Eröffnungsspiel gegen Schweden 1992?

68 Welcher Spieler erzielte im Gruppenspiel gegen Dänemark den einzigen Treffer der Schweden im gesamten Turnier?

69 Welcher deutsche Spieler ließ sich 1992 im Spiel gegen die GUS erst zur Halbzeit auswechseln, obwohl er sich bereits nach 20 Minuten den Arm gebrochen hatte?

70 Wer verwandelte im gleichen Spiel einen Freistoß und sicherte dem deutschen Team so das Unentschieden?

71 Wer wurde zuvor in der letzten Minute gefoult?

72 Wer erzielte 1992 das erste Tor für Deutschland beim 2:0-Sieg über Schottland?

73 Welcher schottische Verteidiger lenkte eine Flanke von Stefan Effenberg zum 2:0 ins eigene Netz?

74 Welcher deutsche Spieler wurde 1992 gegen Schottland eingewechselt, musste jedoch bereits fünf Minuten später nach einem Kopfballduell mit Stuart McCall den Platz verletzt wieder verlassen?

Die Antworten finden Sie im Lösungsteil Seite 277.

75 Wie lautete 1992 der Endstand des Spiels Holland gegen Deutschland?

75 Wer hütete 1992 im Halbfinalspiel gegen Schweden das deutsche Tor?

77 Welcher begnadete Stürmer schoss das letzte schwedische Tor des Turniers 1992?

78 Wer traf im Halbfinale gegen Schweden gleich zweimal für die deutsche Mannschaft?

79 Wer war im anderen Halbfinalspiel Dänemark–Holland zweifacher Torschütze?

80 Welcher dänische Spieler erlitt in diesem Spiel eine schlimme Knieverletzung?

81 Wer erzielte in der gleichen Begegnung erst in der 85. Minute den Ausgleich für die Holländer?

82 Im Elfmeterschießen der Halbfinalbegegnung Dänemark–Holland traf nur ein einziger Spieler nicht das Tor. Wie lautet sein Name?

83 In welcher Stadt fand das Finale der EM 1992 statt?

84 Welcher Spieler, der später in die englische Premier League wechselte, erzielte im Finale Deutschland gegen Dänemark ein Tor?

Die Antworten finden Sie im Lösungsteil Seite 277.

85 Welche Mannschaft musste als einzige keine Qualifikationsspiele zur EM 1996 austragen?

86 Welche beiden Länder qualifizierten sich 1996 zum ersten Mal für eine EM-Endrunde?

87 Welcher Spieler schoss in den Qualifikationsspielen zur EM 96 12 Tore?

88 Welches Land besiegte in der Qualifikation zur EM 96 als einziges Italien?

89 In der Qualifikation zur EM 96 traf Wales in Düsseldorf auf Deutschland und erkämpfte sich ein Unentschieden. Wer schoss das Tor für die walisische Mannschaft?

90 Wer erzielte das erste Tor der EM 96?

91 Welche beiden Spieler wurden 1996 im Spiel Spanien gegen Bulgarien vom Platz gestellt?

92 In welchem Stadion schlug Frankreich Bulgarien 1996 mit 1:0?

93 Wie heißt der einzige Spieler, der während der EM 96 für Bulgarien traf?

94 Wie lautete 1996 das Endergebnis der Begegnung Frankreich–Spanien?

Die Antworten finden Sie im Lösungsteil Seite 278.

95 Wer schoss 1996 das wichtige Siegtor der Spanier gegen Rumänien, durch das sie ins Viertelfinale vordrangen?

96 Wie hieß der Abwehrspieler der deutschen Mannschaft, der 1996 im Gruppenspiel gegen die Tschechische Republik ein Tor erzielte?

97 Welcher Italiener schoss beim Turnier 1996 zwei Tore gegen Russland, musste beim nächsten Spiel jedoch trotzdem erst die Ersatzbank drücken?

98 Wie hieß der italienische Trainer, dessen taktische Fehler für das Ausscheiden seiner Mannschaft verantwortlich gemacht wurden?

99 Welche beiden Mannschaften blieben beim EM-Turnier 1996 ohne einen einzigen Punkt?

100 Mit welchem Ergebnis trennten sich 1996 Kroatien und Portugal?

101 Wie heißt der französische Torhüter, der im Viertelfinale einen Elfmeter hielt und seinem Team dadurch den Weg ins Halbfinale ebnete?

102 Wer schoss 1996 das Siegtor der Tschechen im Viertelfinalspiel gegen Portugal?

103 Welcher englische Spieler traf im Halbfinale 1996 gegen Deutschland nur den Pfosten?

Die Antworten finden Sie im Lösungsteil Seite 278.

104 Wie hieß im gleichen Spiel der Torwart der deutschen Mannschaft, der im Elfmeterschießen den entscheidenden Strafstoß von Gareth Southgate hielt?

105 Wer schoss in diesem Spiel den letzten Strafstoß für die Deutschen?

106 Im Halbfinale 1996 musste auch das Spiel Frankreich gegen Tschechische Republik durch Elfmeterschießen entschieden werden. Welcher Franzose konnte seinen Strafstoß nicht verwandeln?

107 Wer verwandelte in diesem Spiel den entscheidenden Elfmeter für die Tschechen?

108 Wie viele Zuschauer sahen das Finale der Euro 96 im Londoner Wembley-Stadion?

109 Wer schoss das erste „Golden Goal" der EM-Geschichte?

110 Wer foulte im Finale 1996 Patrick Berger und verursachte so einen Strafstoß für die Tschechen?

111 Welcher Spieler der deutschen Mannschaft erzielte im Finale 1996 zwei Tore?

112 In welchen Spielminuten fielen diese beiden Treffer?

113 Welches Team stand nach dem Turnier 1996 an der Spitze der Fair-Play-Charts?

Die Antworten finden Sie im Lösungsteil Seite 278.

Weltmeisterschaften

Weltmeisterschaften

1 Wie oft hat Uwe Seeler an Fußballweltmeisterschaften teilgenommen?

2 In welchem Jahr wurden die USA WM-Dritte?

3 Wen besiegte die deutsche Nationalmannschaft im Finale der WM 1974?

4 Wie hieß der kolumbianische Torwart, der bei der WM 1990 fast als zweiter Libero agierte?

5 Wer wurde 1994 bei der Doping-Kontrolle positiv getestet und vom laufenden Wettbewerb ausgeschlossen?

6 An welchen Weltmeisterschaften konnte die deutsche Nationalelf nicht teilnehmen?

7 Welcher Kolumbianer schoss 1994 gegen die USA ein Eigentor und was geschah mit ihm, nachdem er in sein Land zurückgekehrt war?

8 Wer war Mannschaftskapitän der deutschen Weltmeisterelf von 1954?

9 Welche ehemaligen Weltmeister konnten sich nicht für die WM-Endrunde 1994 qualifizieren?

10 Wer schoss im letzten Qualifikationsspiel 1989 gegen Wales das entscheidende 2:1 und löste für die deutsche Elf das Ticket für die Weltmeisterschaft in Italien?

Die Antworten finden Sie im Lösungsteil Seite 279.

11 Weche drei Länder waren 1994 zum ersten Mal bei einer WM dabei?

12 Wer erzielte im WM-Finale 1954 in Bern den Siegtreffer für Deutschland?

13 Welchen Spitznamen trug dieser Spieler?

14 Wie viele Minuten waren nach diesem Treffer noch zu spielen?

15 Wer war Kapitän der brasilianischen Nationalmannschaft bei der WM 1970?

16 Wie hießen die beiden Assistenztrainer von Helmut Schön bei der WM 1966 in England?

17 Welcher Trainer wurde 1994 für ein Spiel auf die Tribüne verbannt und musste mehrere tausend Mark Strafe bezahlen?

18 Die USA spielten 1994 in Runde 2 gegen Brasilien. Wie lautete das Endergebnis?

19 Welches Team schlug die USA 1934 mit 7:1?

20 Wer verlor zweimal als Kapitän in einem WM-Finale?

21 Welche Mannschaft schlug im Eröffnungsspiel der WM 1990 Titelverteidiger Argentinien?

Die Antworten finden Sie im Lösungsteil Seite 279.

22 Wer wurde Torschützenkönig der WM 1990?

23 Wie hieß Kameruns berühmter Mittelstürmer der WM-Endrunde 1990?

24 1990 schlug Deutschland Holland mit 2:1. Welcher holländische Spieler wurde dabei wegen Spuckens vom Platz gestellt?

25 Der frühere holländische Trainer Leo Beenhakker coachte welches Team bei der WM 1994?

26 Wer gewann bei der WM 1990 den Fair-Play-Pokal?

27 Wem gelang zuerst das Kunststück, eine Mannschaft als Kapitän und später als Trainer zu einem WM-Sieg zu führen?

28 Wie viele Spieler standen beim Abfiff des WM-Finales 1990 noch auf dem Platz?

29 Was für ein Landsmann war der Schiedsrichter, der 1986 beim Viertelfinal-Spiel England gegen Argentinien die „Hand Gottes" übersah?

30 Welcher Spieler, der zuvor zwei Jahre gesperrt war, wurde Torschützenkönig der WM 1982?

31 Bisher gelang es erst einem Torhüter, zweimal Weltmeister zu werden. Wie ist sein Name?

Die Antworten finden Sie im Lösungsteil Seite 279/280.

32 Wie hieß der französische Abwehrspieler, den der deutsche Torhüter Harald Schumacher im Halbfinale 1992 brutal ansprang und der daraufhin bewusstlos vom Platz getragen werden musste?

33 Wie entschied der Schiedsrichter nach dieser Aktion?

34 Wer war Kapitän der französischen Nationalelf bei der WM 1982?

35 Wie viele Spiele verlor England vor seinem Ausscheiden bei der WM 1982?

36 Wie viele Gegentore fing England vor seinem Ausscheiden bei der WM 1982?

37 Argentinien hätte 1978 gegen Peru mit vier Toren Unterschied gewinnen müssen, um das Finale zu erreichen. Es gewann 6:0. Wo wurde der damalige Torhüter der Peruaner Quiroga geboren?

38 Welcher schottische Spieler wurde 1978 des Dopings überführt und nach Hause geschickt?

39 Was wurde während der WM-Endrunde 1974 erstmals „benutzt"?

40 Welcher Spieler nahm an fünf Weltmeisterschaften teil?

41 Wer schoss 1974 das schnellste Tor der WM-Geschichte?

Die Antworten finden Sie im Lösungsteil Seite 280.

42 England verpasste die Teilnahme an der WM-Endrunde 1974. Wegen welchem Team?

43 Wie hieß 1974 der holländische Kapitän?

44 Wer wurde 1970 Torschützenkönig?

45 England, Wales, Schottland und Nordirland durften nicht an den ersten Weltmeisterschaften 1930 in Uruguay teilnehmen. Warum?

46 An welchem WM-Turnier nahm England erstmals teil?

47 1950 verlor England mit 0:1 gegen einen krassen Außenseiter. Gegen wen?

48 Was durfte Brasilien nach dem Titelgewinn 1970 behalten?

49 Wer schoss das einzige Tor des WM-Endspiels 1990?

50 Wer weigerte sich, dem Präsidenten der FIFA nach dem WM-Finale 1990 die Hand zu geben?

51 Welches Land zog gleich vier Mal seine Teilnahme an der WM-Endrunde zurück?

52 Welches Nationalteam wurde nach seiner Rückkehr von der WM 1966 mit faulen Früchten beworfen?

Die Antworten finden Sie im Lösungsteil Seite 280.

Wie schnitt die Damen-Nationalmannschaft bei der Weltmeisterschaft 1995 ab?

53 Wie hieß der Hund, der 1966 den gestohlenen Jules-Rimet-Pokal entdeckte?

54 Wie hieß der Kapitän der englischen Weltmeisterelf von 1966?

55 Wie alt war Pelé, als er 1958 sein WM-Debüt im brasilianischen Nationaltrikot gab?

56 Wer schoss das erste Tor bei einer Weltmeisterschaft überhaupt?

Die Antworten finden Sie im Lösungsteil auf den Seiten 280/281 und 304.

57 Was wurde nach dem WM-Finale am 8. Juli 1990 aus dem Olympia-Stadion in Rom gestohlen?

58 Wie hieß das Maskottchen der WM 1990 in Italien?

59 Aus welcher Frucht bestand das spanische WM-Maskottchen 1982?

60 1974 in Deutschland gab es gleich zwei Maskottchen. Wie hießen sie?

61 Wie oft holte die Gastgebermannschaft einer WM den Titel?

62 Warum weigerte sich Uruguay, seinen Titel 1934 in Italien zu verteidigen?

63 Welches Land war am längsten Weltmeister?

64 Bei welcher WM war Großbritannien mit allen vier Mannschaften vertreten?

65 Welche Mannschaft war als erste gleichzeitig Welt- und Europameister?

66 Wie lautete das höchste Ergebnis einer WM-Endrunde?

67 Welcher Spieler schoss während eines einzigen WM-Turniers die bisher meisten Tore?

Die Antworten finden Sie im Lösungsteil Seite 281.

68 Wie hieß 1974 der Trainer der Holländer?

69 In welchem Stadion fand das WM-Finale 1986 statt?

70 Wer gewann 1994 den Fair-Play-Pokal?

71 Wie viele Länder wurden für die WM-Endrunde 1998 zugelassen?

72 Wo fand die Gruppenauslosung zur WM 1994 statt?

73 Welches Team konnte sich als Erstes für die WM-Endrunde 1994 qualifizieren?

74 Was hatten alle 15 Elfmeter gemeinsam, die 1994 innerhalb der regulären Spielzeit vergeben wurden?

75 Welche Farben hatten 1994 die Trikots der Schieds- und Linienrichter?

76 Welches Land nahm als Einziges an bisher allen Weltmeisterschaften teil?

77 Was gab es erstmals 1994 für einen Sieg in den Gruppenspielen?

78 Das Maskottchen für die WM 1994 war ein Hund nahmens „Striker". Wie hießen seine Schöpfer?

Die Antworten finden Sie im Lösungsteil Seite 281.

79 Wer gewann 1994 als Auszeichnung für den besten Spieler des Turniers den „Goldenen Ball"?

80 Wer schoss die meisten WM-Tore für England?

81 Wer erzielte 1978 das 1000. WM-Tor?

82 Welches schwarzafrikanische Land konnte sich erstmals für eine WM-Endrunde qualifizieren?

83 Warum zögerte der englische Schiedsrichter Jack Taylor 1974, das WM-Finale anzupfeifen?

84 Was sollte Bobby Moore während der WM 1970 im kolumbianischen Bogotá angeblich gestohlen haben?

85 Welche beiden Spieler haben in mehr als einem WM-Finale ein Tor erzielt?

86 Wer war der älteste Spieler, der jemals eine WM gewann?

87 Welches afrikanische Land hatte sich für beide Weltmeisterschaften qualifiziert, die in Mexiko stattfanden?

88 Über was konnten sich Uruguay und Argentinien vor dem Anstoß zum WM-Finale 1930 nicht einigen?

89 Spanien qualifizierte sich für die WM 1938. Warum nahm es trotzdem nicht teil?

Die Antworten finden Sie im Lösungsteil Seite 281/282.

90 1970 gewann Deutschland gegen England im Viertelfinale. Wer erzielte die Tore für die Engländer?

91 Welches WM-Turnier wurde als Erstes im Fernsehen übertragen?

92 Wer war der erste Spieler, der in jedem Spiel einer WM ein Tor schoss?

93 Welche Mannschaft schied 1974 aufgrund des schlechteren Torverhältnisses aus, ohne ein Spiel verloren zu haben?

94 Wie hieß 1978 der kettenrauchende Trainer der Argentinier?

95 Wie hieß der jüngste Spieler, der jemals an einer WM teilnahm?

96 Wie hieß Brasiliens „philosophischer“ Kapitän 1982?

97 Wie hoch war das Durchschnittsalter der englischen Weltmeistermannschaft von 1966?

98 Wer gewann 1994 den Lew-Jaschin-Award für den besten Torhüter des Turniers?‘

99 Wie sieht das Maskottchen für die WM 1998 in Frankreich aus?

Die Antworten finden Sie im Lösungsteil Seite 282.

100 Welche beiden Länder richten gemeinsam die WM im Jahre 2002 aus?

101 Welches europäische Land schlug Italien im Halbfinale 1934?

102 Welche Länder musste Kamerun schlagen, um 1990 das Viertelfinale zu erreichen?

103 Wie oft nahm Mexiko an einer WM-Endrunde teil?

104 In welchem Jahr spielte Spanien seine erfolgreichste WM?

105 Wie schnitten die Spanier ab?

106 Wie hieß der erste Spieler, der wegen Drogenmissbrauchs vom WM-Turnier ausgeschlossen wurde?

107 Wie heißt das erste afrikanische Land, das ein WM-Viertelfinale erreichte?

108 Wer überreichte dem italienischen Kapitän Combi nach dem Titelgewinn 1934 den Jules-Rimet-Pokal?

109 In der Qualifikation zur WM 1994 verlor San Marino neun Spiele, einmal erreichte es ein Unentschieden. Gegen wen?

110 Warum zog Indien seine Teilnahme zur WM 1950 zurück?

Die Antworten finden Sie im Lösungsteil Seite 282.

111 Welches Team wurde zum ersten Mal außerhalb des eigenen Kontinents Weltmeister?

112 In ihrem ersten Spiel der WM 1990 spielten die favorisierten Holländer nur 1 : 1. Gegen wen?

113 Wen schlug Italien im WM-Finale 1934?

114 Wie viele Spieler setzte Brasilien während der WM 1962 ein?

115 Wer trainierte die italienische Weltmeistermannschaft des Jahres 1982?

116 Wer wurde bei der WM 1982 Dritter?

117 Warum weigerte sich das schottische Team 1950 an der WM teilzunehmen, obwohl es sich bereits qualifiziert hatte?

118 Welches Team schlug Nordkorea im Achtelfinale der WM 1966?

119 Welcher deutsche Verteidiger erzielte in zwei WM-Endspielen ein Tor?

120 Wie hießen die holländischen Brüder, die gemeinsam im WM-Finale 1978 standen?

121 Wen schlug Deutschland 1970 im Spiel um Platz 3?

122 Mit welchem Ergebnis?

123 In welchem WM-Finale wurde der erste Strafstoß verhängt?

124 Welcher Holländer spielte im WM-Finale 1978 gegen Argentinien mit bandagiertem Arm?

125 Gab es etwas Ungewöhnliches an den beiden Torhütern des WM-Endspiels 1978?

126 Welche Mannschaft spielte 1982 in allen drei Partien der ersten Runde remis?

127 Wer schlug 1982 den Gastgeber in den Gruppenspielen mit 1:0?

128 Wer erzielte das Tor?

129 Welchem Team wurde 1986 mit einem Ausschluss vom Turnier gedroht, weil es zu oft foulte?

130 Wer qualifizierte sich für die WM 1950, ohne ein einziges Match absolviert zu haben?

131 In welcher Stadt fand das erste WM-Endspiel 1930 statt?

132 Sechsmal gespielt, sechsmal verloren und ein Torverhältnis von 1:22! Welchem Team gelang dieser in der Geschichte der WM bisher einmalige Minusrekord?

Die Antworten finden Sie im Lösungsteil Seite 283.

133 Brasilien ist der erfolgreichste WM-Teilnehmer aller Zeiten, gefolgt von Deutschland. Welches Land folgt auf Platz 3?

134 Wie hieß der exzentrische kolumbianische Torhüter bei der WM 1990?

135 Durch wie viele Weltmeisterschaften führte Billy Wright die englische Mannschaft als Kapitän?

136 Wie viele WM-Spiele hatte Neuseeland bis 1994 auf dem Buckel?

137 Gegen welchen Gegner gelang Deutschland in den Gruppenspielen 1978 ein 6:0-Sieg?

138 Wie hieß der erste Spieler, der jemals in einem WM-Finale des Feldes verwiesen wurde?

139 Italien, Spanien, Holland und Schweden hatten sich um die Austragung der ersten WM 1930 beworben. Warum gab die FIFA Uruguay den Zuschlag?

140 Wie hieß der russische WM-Torwart 1958?

141 Die UdSSR verpasste die Qualifikation zur WM 1974, weil sie im Hinspiel gegen Chile nur 0:0 spielte und sich weigerte, zum Rückspiel in Chile anzutreten. Warum wollten die Russen nicht in Chile spielen?

Die Antworten finden Sie im Lösungsteil Seite 283/284.

142 Welchen Holländer foulte Uli Hoeneß im WM-Finale 1974 und verursachte so einen Strafstoß?

143 Wo und wann fand die erste Weltmeisterschaft statt?

144 Welche drei europäischen Staaten erreichten das Halbfinale 1986?

145 Welchem Land gelang erstmals der WM-Sieg auf fremden Boden?

146 Wen schlug England im Halbfinale 1966?

147 Wer schoss das vierte Tor der Brasilianer bei ihrem Finalsieg gegen Italien 1970?

148 In welchem Jahr nahm Zaire erstmals an einer WM teil?

149 Gary Lineker gelang im letzten Gruppenspiel 1986 ein Hattrick für die englische Mannschaft. Gegen welchen Gegner?

150 Lineker schoss bei diesem Turnier sechs von sieben Toren für England. Wem gelang das andere?

151 Zu welchem Klub wechselte Lineker nach der WM 86?

152 Wer erzielte das Siegtor der Argentinier im WM-Finale 1986?

Die Antworten finden Sie im Lösungsteil Seite 284.

153 Wer schoss 1990 das einzige Tor für Kamerun im Eröffnungsspiel gegen Argentinien?

154 Mit wie vielen Spielern beendete Kamerun dieses Match?

155 Wer ist der älteste Spieler, der jemals ein WM-Tor schoss?

156 Wie viele europäische Mannschaften qualifizierten sich für das Viertelfinale 1994?

157 Wer schlug 1994 im Viertelfinale den amtierenden Weltmeister Deutschland?

158 Wer erzielte die Tore gegen die deutsche Mannschaft?

159 In welcher Stadt fand das WM-Finale 1994 statt?

160 Welche drei Italiener verschossen im abschließenden Elfmeterschießen des WM-Finales 1994 ihre Strafstöße gegen Brasilien?

161 Was gelang England 1966 erstmals wieder seit 32 Jahren?

162 Wer schoss in letzter Minute das Ausgleichstor der deutschen Mannschaft im WM-Finale 1966?

163 Wer stand im WM-Finale 1966 im Tor der deutschen Mannschaft?

Die Antworten finden Sie im Lösungsteil Seite 284.

Weltmeisterschaft 1998

1 In der Vorrunden-Gruppe H der WM 1998 befand sich im Gegensatz zu den anderen nur eine europäische Mannschaft. Welches Team hatte es ausschließlich mit Auswahlmannschaften anderer Kontinente zu tun?

2 In welcher WM-Stadt befand sich das Stadion „Geoffroy-Guichard"?

3 Die WM in Frankreich gab den Fußballfans in aller Welt Gelegenheit, ihre Französisch-Kenntnisse wieder aufzufrischen. Welche Teilnehmerstaaten verbargen sich hinter den französischen Wörtern „Pays-Bas" und „Ecosse"?

4 Welcher ehemalige französische Fußballer war für die Organisation der WM 1998 verantwortlich?

5 Welches war das älteste Fußball-Stadion, in dem 1998 ein WM-Spiel ausgetragen wurde?

6 Und das neueste?

7 Wie hieß der Trainer der brasilianischen Nationalmannschaft bei der WM 1998?

8 Welcher der folgenden brasilianischen WM-Teilnehmer von 1998 ist kein Stürmer: Ronaldo, Romario, Leonardo oder Edmundo?

Die Antworten finden Sie im Lösungsteil Seite 285.

9 Welche Sportartikelfirma war Ausrüster der brasilianischen WM-Mannschaft?

10 Die Schotten nahmen 1998 zum siebten Mal in Folge an einer WM teil. Richtig oder falsch?

11 Wer war der älteste Schotte bei der WM 1998?

12 Welches Land galt vor der WM 1998 als besonders abwehrstark, da es in der Qualifikationsrunde lediglich zwei Gegentreffer hinnehmen musste?

13 Welche Teilnehmerstaaten der WM 1998 traten erst in den sechziger Jahren der FIFA bei?

14 Und welches Land gar erst 1992?

15 Welcher Weltmeister des Jahres 1978 coachte 1998 die Argentinier?

16 Welche beiden Bundesliga-Profis gehörten 1998 zum WM-Team der Kroaten?

17 Welches kroatische Stürmer-Duo schoss in den Qualifikationsspielen zur WM 1998 50 Prozent aller Tore?

18 Wie hieß der Trainer des kroatischen WM-Teams von 1998?

19 Welche Länder nahmen 1998 zum ersten Mal an einer WM teil?

Die Antworten finden Sie im Lösungsteil Seite 285.

20 Die WM-Teilnehmer welchen Landes spielten 1998 in ihrer Heimat bei Vereinen wie Olympic Garden, Seba United oder Wadadah?

21 Welcher WM-Teilnehmer von 1998 erzielte in 15 Qualifikationsspielen 51 Tore?

22 Saß Berti bei der WM 1998 wirklich nur auf der deutschen Trainerbank?

23 Für welche WM-Mannschaft von 1998 war Henri Kasperczak verantwortlich?

24 Welches Team fügte England in der Qualifikation zur WM 1998 die einzige Niederlage zu?

25 Welche beiden Länder waren bei den Buchmachern die Topfavoriten für den WM-Titel 1998?

26 Und welches Land war in den Wettbüros krassester Außenseiter?

27 Welches Land hatte 1998 den berühmten Ro-Ro-Sturm?

28 Wie oft traf Deutschland vor 1998 in einer WM-Finalrunde auf Brasilien?

29 Für welches Team spielte 1998 der „blonde Gullit"?

30 Wie alt war dieser Spieler bei der WM in Frankreich?

Die Antworten finden Sie im Lösungsteil Seite 285/286.

31 Welcher WM-Teilnehmer von 1998 wurde „Maradona der Karpaten" genannt?

32 Gegen welche Mannschaft verlor Rumänien in der Qualifikation zur WM 1998?

33 Welche beiden Spieler von Arminia Bielefeld gehörten 1998 zum WM-Kader der Iraner?

34 Für welches Land verteidigte 1998 der WM-Teilnehmer mit dem ebenso passenden wie deutschen Namen „Trittschuh"?

35 Für welchen deutschen Verein stürmte WM-Teilnehmer Eric Wynalda in der ersten Bundesliga?

36 Zum wie vielten Mal nahm Deutschland 1998 an einer WM-Endrunde teil?

37 Wie lautete vor der WM 1998 die Länderspielstatistik gegen das Gastgeberland Frankreich: Positiv oder negativ für die deutsche Mannschaft?

38 Welche deutschen Nationalspieler besaßen vor der WM 1998 Frankreich-Erfahrung?

39 Wie oft endeten die Qualifikationsspiele der deutschen Mannschaft zur WM 1998 unentschieden?

Die Antworten finden Sie im Lösungsteil Seite 286.

40 Wer erzielte in der Qualifikation zur WM 1998 die meisten Treffer für das deutsche Team?

41 Wie viele Vorgänger hatte Manuel Lapuente seit 1995 im Amt des mexikanischen Nationaltrainers?

42 Wie hieß der farbenfrohe Tormann der Mexikaner, der auch 1998 das Publikum mit seinen Showeinlagen begeisterte?

43 Bei welchen deutschen Vereinen spielte der Trainer der Südkoreaner?

44 Welche beiden Schalker nahmen für Holland an der WM 1998 teil?

45 Fast schon traditionell spielen in der holländischen Nationalelf Brüderpaare. Angefangen mit René und Willy Van de Kerkhoff über Arnold und Gerrie Muhren, Erwin und Ronald Koeman sowie Richard und Rob Witschge. Wie hießen die holländischen Geschwister bei der WM 1998?

46 Wie viele Bulgaren standen im WM-Kader der WM 1998, deren Namen nicht mit dem Buchstaben V endete?

47 Welcher WM-Torwart der Endrunde 1998 galt als der beste Torhüter der Welt?

Die Antworten finden Sie im Lösungsteil Seite 286.

48 Welches Teilnehmerland von 1998 spielte mit dem „Green-Team"?

49 Welcher der folgenden spanischen WM-Teilnehmer spielte nicht für den FC Barcelona, sondern für den großen Konkurrenten Real Madrid: Raul, de la Pena, Luis Enrique oder Nadal?

50 In welchem Stadion hatte die deutsche Nationalelf ihren ersten WM-Auftritt?

Die Antworten finden Sie im Lösungsteil Seite 286.

Deutsche Legionäre

Deutsche Legionäre

1 Welcher Verteidiger beendete bereits im Alter von 28 Jahren seine Karriere in der Nationalmannschaft und wechselte nach Frankreich zu Olympique Marseille?

2 Welcher frühere Nationalspieler war für die drei großen spanischen Klubs FC Barcelona, Real und Atletico Madrid tätig?

3 In welcher Reihenfolge?

4 Wie hieß der erste deutsche Italien-Legionär?

5 Welcher Karlsruher wechselte 1962 vom KSC zum AC Catania in Italien?

6 Welche beiden europäischen Stürmer gehörten zu den „Fab Five" des Trainers der Tottenham Hotspurs, Ossie Ardiles?

7 Mit welchem Verein spielte Stefan Effenberg in der Zweiten italienischen Liga?

8 Wie viel englische Pfund bezahlte Tottenham für Jürgen Klinsmann bei seinem ersten Wechsel auf die Insel?

9 Wie viele deutsche Nationalspieler standen bereits bei Inter Mailand unter Vertrag?

10 Wie hießen sie?

Die Antworten finden Sie im Lösungsteil Seite 287.

Für welchen französischen Verein spielte Rudi Völler?

11 Wie hieß der japanische Verein, der Guido Buchwald in den Osten lockte?

12 Welcher Multi-Konzern steckt hinter diesem Klub?

13 Wie nennt man die japanische Profi-Liga?

14 Zu welchem Verein schob Inter Mailand 1992 Andreas Brehme ab?

15 Gegen welchen Gegner schoss Klinsmann sein erstes Tor in der englischen Premiership?

Die Antworten finden Sie im Lösungsteil auf den Seiten 287 und 304.

16 Welcher deutsche Stürmer spielte in der Saison 1996/97 für Celtic Glasgow?

17 Wie viele Jahre war Rudi Völler insgesamt als Spieler im Ausland?

18 Von welchem französischen Klub kehrte er in die Bundesliga zurück?

19 Welcher „Hemad“ spielte für den AC Bologna?

20 Wer wurde in seiner Wahlheimat „Diver“ genannt?

21 Warum?

22 In welchem Jahr verließ Franz Beckenbauer München in Richtung New York?

23 Wer hatte diesen Wechsel finanziert?

24 Welcher deutsche Verteidiger stand in der Saison 1995/96 bei Manchester City unter Vertrag?

25 Für welche drei italienischen Klubs spielte Karl-Heinz Schnellinger?

26 Über wen urteilte der „Daily Star“: „Er hat das getan, was Hitler nicht konnte: Er hat England erobert.“?

Die Antworten finden Sie im Lösungsteil Seite 287.

Deutsche Legionäre

27 Was gelang Oliver Bierhoff vor Gheorge Hagi, dem Argentinier Batistuta und Stefan Effenberg?

28 Von welchem Verein wechselte Oliver Bierhoff zu Inter Mailand?

29 Welche beiden deutschen Spieler wechselten Anfang der achtziger Jahre zu Girondins Bordeaux?

30 Was passierte Bundestrainer Berti Vogts in Italien, als er Oliver Bierhoff zum ersten Mal für die Nationalelf beobachtete?

31 Wen gab es im „Paket" mit Andy Möller, als dieser von Juventus Turin zurück in die Bundesliga wechselte?

32 Wann und in welchem Spiel gab Oliver Bierhoff sein Debüt in der deutschen Nationalmannschaft?

33 Wer bezahlte mehr Ablösesumme für Jürgen Klinsmann: Inter Mailand an den VfB Stuttgart oder Bayern München an Tottenham Hotspurs?

34 Zu welchem italienischen Verein wechselte Karl-Heinz Rummenigge 1984?

35 Welcher Ghanaer wechselte 1995 eher unfreiwillig zu Leeds United?

Die Antworten finden Sie im Lösungsteil Seite 288.

36 Welcher Mannschaftskollege von ihm wurde ebenfalls auf die Insel abgeschoben?

37 Welcher deutsche Mittelfeldspieler verließ Inter Mailand 1984 in Richtung AC Como?

38 Bei welchem französischen Verein kickte der spätere Doping-Sünder Roland Wohlfarth?

39 Mit welchem Verein stieg Stefan Effenberg in Italien ab?

40 1956 wurde ein deutscher Torwart Fußballer des Jahres in England. Wie war sein Name und für welchen Verein spielte er?

41 Wie kam dieser Spieler nach England?

42 Welcher deutsche Verteidiger wurde 1991/92 zum „besten Ausländer" der italienischen Liga gewählt?

43 Was haben Uwe Bein, Pierre Littbarski und Michael Rummenigge gemeinsam?

44 Beim AS Rom standen bereits vier deutsche Nationalspieler in Lohn und Brot. Welche?

45 Horst Buhtz zog es 1952 vom Karlsruher SC zum AC Turin. Welche Bundesliga-Mannschaften trainierte Buhtz nach seiner aktiven Laufbahn?

Die Antworten finden Sie im Lösungsteil Seite 288.

Deutsche Legionäre

46 Welcher Italien-Legionär war vor seiner Fußballer-Karriere Zehnkämpfer?

47 Für welchen französischen Verein spielte Jürgen Klinsmann?

48 Welche beiden Weltmeister von 1974 wechselten aus der Bundesliga zu Real Madrid?

49 Welcher Weltmeister von 1974 wechselte zum FC Valencia?

50 Wie lange dauerte der sportliche Spanienaufenthalt von Bernd Schuster?

51 Für wie viele italienische Vereine war Thomas Häßler tätig?

Die Antworten finden Sie im Lösungsteil Seite 288.

Regelfragen

Regelfragen

1 Wie breit ist ein Fußballtor?

2 Bei einem direkten Freistoß löst sich der Abwehrspieler vorzeitig aus der Mauer. Der Schütze kann den Ball aber ins Tor schießen. Wie entscheidet der Schiedsrichter?

3 Wie lang darf ein Fußballfeld höchstens sein?

4 Ein Abwehrspieler versucht, durch ein Handspiel ein Tor zu verhindern. Er erreicht den Ball aber erst hinter der Torlinie. Wie entscheidet der Schiedsrichter?

5 Wie viele Fahnen stehen außerhalb das Spielfeldes?

6 Es gibt einen indirekten Freistoß für die angreifende Mannschaft. Der Ball wird direkt auf das gegnerische Tor geschossen. Ein Abwehrspieler versucht, durch absichtliches Handspiel ein Tor zu verhindern. Der Ball geht jedoch ins Tor. Wie entscheidet der Schiedsrichter?

7 Ist der 16 Meter-Raum tatsächlich 16 Meter lang?

8 In der Halbzeitpause meldet sich die Nr. 12 der Mannschaft A ordnungsgemäß beim Schiedsrichter an. Er soll für die Nr. 9 spielen. Als sich der Schiedsrichter auf dem Weg zum Spielfeld befindet, sieht er, wie der Spieler mit der Nr. 12 auf dem Spielfeld einen Gegenspieler anspuckt. Wie entscheidet der Schiedsrichter?

Die Antworten finden Sie im Lösungsteil Seite 289.

9 Welchen Radius hat der Viertelkreis an der Eckfahne?

10 Beim entscheidenden Elfmeterschießen verletzt sich der Schütze beim Schießen und kann die vom Schiedsrichter angeordnete Wiederholung nicht mehr ausführen. Wie geht es weiter?

11 Während eines Fußballspiels bricht die Querlatte. Darf aushilfsweise ein Seil als Ersatz gespannt werden?

12 Während eines Angriffs versucht der Torwart der verteidigenden Mannschaft, der auf seiner Torlinie steht, einen Gegenspieler im Netzraum, also hinter der Torlinie, zu schlagen, trifft ihn aber nicht. Wie entscheidet der Schiedsrichter?

13 Früher waren die Pfosten und Querlatten quadratisch oder rechteckig, heute sind nur noch halbrunde erlaubt. Richtig oder falsch?

14 Der Torwart verlässt seinen Strafraum und bekommt den Ball von einem Mitspieler zugespielt. Er nimmt ihn mit dem Fuß an. Als er von einem Gegner angegriffen wird, tritt er den Ball mit dem Fuß in den eigenen Strafraum und nimmt ihn dort in die Hand. Wie entscheidet der Schiedsrichter?

15 Das Spiel kann nicht beginnen, wenn eine Mannschaft aus weniger als wie vielen Spielern besteht?

Die Antworten finden Sie im Lösungsteil Seite 289.

Was zeigt der Schiedsrichter-Assistent auf den beiden Zeichnungen an?

16 Nach dem Halbzeitpfiff, beim Gang in die Kabine, schlägt ein Spieler der Mannschaft A, der zum Spiel gehört, einen Auswechselspieler der Mannschaft B. Dieser revanchiert sich mit einem Schlag ins Gesicht. Der Schiedsrichter hat den Vorfall bemerkt. Wie entscheidet er?

17 Darf sich ein Spieler, der des Feldes verwiesen wurde, auf die Ersatzbank setzen?

18 Ein Spieler verliert bei einem Schuss einen Schuh. Er bleibt stehen, um sich den Schuh wieder anzuziehen. Muss der Schiedsrichter eingreifen?

Die Antworten finden Sie im Lösungsteil auf den Seiten 289 und 304.

19 Darf ein Fußballer in normalen Straßenschuhen ein Spiel bestreiten?

20 Kurz nach Beginn der zweiten Halbzeit verhindert ein Spieler durch Handspiel im eigenen Strafraum ein Tor. Der Schiedsrichter stellt fest, dass es sich dabei um einen eingewechselten Spieler handelt, der sich zu Beginn der zweiten Halbzeit nicht angemeldet hat. Wie lautet die Entscheidung des Schiedsrichters?

21 Was ist die technische Zone?

22 Ist das Spielen ohne Schuhe erlaubt?

23 Ein Spieler der Mannschaft A steht an der Seitenlinie und will gerade einwerfen. Der hinter ihm stehende Trainer der Mannschaft B, der sich innerhalb der technischen Zone befindet, beleidigt ihn. Der Spieler dreht sich um und wirft ihm den Ball an den Kopf. Wie entscheidet der Schiedsrichter?

24 Wie lautet die zeitgemäße Bezeichnung für den Linienrichter?

25 Zur Ausführung eines Elfmeters muss die Spielzeit verlängert werden. Nachdem der Ball freigegeben, aber bevor der Ball gespielt wurde, dringt ein Spieler der verteidigenden Mannschaft in den Strafraum ein. Der Ball geht am Tor vorbei. Wie entscheidet der Schiedsrichter?

Die Antworten finden Sie im Lösungsteil Seite 290.

26 Dürfen Spieler während einer Spielunterbechung Erfrischungsgetränke zu sich nehmen?

27 Ein Abwehrspieler versucht, einen Gegner im Strafraum am Torschuss zu hindern, indem er ihn am Trikot festhält. Der Schiedsrichter erkennt auf Vorteil, obwohl der Angreifer dadurch deutlich behindert wird. Der Angreifer schießt den Ball unkontrolliert in Richtung Tor, sodass der Torwart keine Mühe hat den Ball zu halten. Wie entscheidet der Schiedsrichter jetzt?

28 Wie zeigt der Schiedsrichter-Assistent seinem Schiedsrichter an, dass ausgewechselt werden soll?

29 Was bedeutet ein gehobener Arm nach einem Freistoßpfiff?

30 Was passiert, wenn der Schiedsrichter bei einem indirekten Freistoß vergisst, den Arm zu heben und der Ball ohne weitere Berührung vom Schützen ins Tor befördert wird?

31 Wie lange dauert die Spielverlängerung bei Entscheidungsspielen für A- und B-Jugendliche?

32 Bei einem Torschuss verhindert ein Abwehrspieler durch absichtliches Handspiel zunächst ein Tor. Der Ball prallt dann zu einem Angreifer, der den Ball ins Tor schießt. Der Schiedsrichter hat noch nicht gepfiffen. Wie muss er jetzt entscheiden?

Die Antworten finden Sie im Lösungsteil Seite 290.

33 Vor dem Spiel wird per Münzwurf die Seitenwahl ausgeführt. Was darf die Mannschaft, die die Seitenwahl verliert?

34 In welchen beiden Fällen ist der Ball offiziell „aus dem Spiel"?

35 Ein Spieler führt einen Strafstoß aus, obwohl der Schiedsrichter noch nicht gepfiffen hat. Der Ball landet im Tor. Wie entscheidet der Schiedsrichter?

36 Ein Abwehrspieler will den Ball ins Seitenaus treten. Der Ball prallt jedoch vom Schiedsrichter-Assistenten ab, der genau auf der Seitenlinie steht. Wie wird entschieden?

37 Ein Verteidiger hat den Ball im Strafraum gestoppt. Ohne sich um den Ball zu kümmern, läuft er aus dem Strafraum heraus in Richtung Seitenlinie. Der Torwart läuft nun in Richtung Ball und nimmt ihn in seine Hände. Wie entscheidet der Schiedsrichter?

38 Ein Angreifer der Mannschaft A stürmt auf das Tor zu, umspielt den Torwart der Mannschaft B und schießt den Ball in Richtung Tor. Bevor der Ball jedoch die Torlinie überquert, läuft ein Fan von Mannschaft B auf das Spielfeld und versucht, den Ball noch aufzuhalten. Er berührt den Ball zwar noch, der Ball geht aber trotzdem ins Tor. Wie entscheidet der Schiedsrichter?

Die Antworten finden Sie im Lösungsteil Seite 290.

39 Während der Halbzeitpause tauscht ein Feldspieler mit dem Torwart seiner Mannschaft heimlich die Position, ohne dass der Schiedsrichter dies merkt. Der neue Torwart berührt kurz nach Wiederanpfiff den Ball mit der Hand. Muss der Schiedsrichter eingreifen?

40 Wann befindet sich ein Spieler laut offiziellem Regelwerk im Abseits?

41 In welchem Fall befindet sich ein Spieler in seiner eigenen Spielhälfte im Abseits?

42 Der Torwart wird beim Abschlag von einem Gegenspieler deutlich behindert. Weil er sich darüber ärgert, tritt er dem Gegenspieler in die Beine, bevor der Schiedsrichter das Spiel unterbrochen hat. Wie muss der Schiedsrichter entscheiden und wo wird das Spiel fortgesetzt?

43 Gibt es nach einer Abseitsentscheidung einen direkten oder einen indirekten Freistoß?

44 Darf eine Auswechslung rückgängig gemacht werden, wenn der Auswechselvorgang zwar mit Zustimmung des Schiedsrichters durchgeführt, das Spiel aber noch nicht fortgesetzt ist?

45 Wie viele Schritte darf der Torhüter machen, während er den Ball mit seinen Händen kontrolliert?

Die Antworten finden Sie im Lösungsteil Seite 291.

46 Ein Angreifer verlässt das Spielfeld, um sich einer Abseitsstellung zu entziehen. Der Ball gelangt nun in seine Nähe. Er läuft ins Spielfeld und spielt den Ball. Wie und wo ist das Spiel fortzusetzen?

47 Ein Spieler nennt seinen Gegner einen „blöden Sack." Sieht er dafür den gelben oder den roten Karton?

48 Direkt nach dem Schlusspfiff beleidigt ein Spieler den Schiedsrichter. Wie entscheidet der Schiedsrichter?

49 Kurz vor Spielschluss spielen sich ein Abwehrspieler und der Torwart den Ball mehrmals zu, um Zeit zu gewinnen. Der Schiedsrichter unterbricht nach dem fünften Zuspiel an den Torwart das Spiel. Warum?

50 Darf ein Spieler während des Spiels einen Mannschaftskameraden beleidigen?

51 Ein Abwehrspieler versucht durch Handspiel, den Ball unmittelbar vor der Torlinie aufzuhalten. Der Ball prallt jedoch von den Händen des Verteidigers gegen den Pfosten und von dort ins Tor. Wie entscheidet der Schiedsrichter?

52 Ein Abwehrspieler spielt den Ball mit dem Knie zu seinem Torwart. Dieser nimmt den Ball mit den Händen auf. Erlaubt oder verboten?

Die Antworten finden Sie im Lösungsteil Seite 291.

53 Ein Spieler hat sich verletzt und beim Schiedsrichter abgemeldet. Plötzlich sieht der Schiedsrichter, wie dieser Spieler außerhalb des Spielfeldes einen Zuschauer schlägt. Wie muss entschieden werden?

54 In welchen Fällen wird absichtliches Handspiel mit einer gelben Karte bestraft?

55 Ein einwerfender Spieler steht mit beiden Füßen deutlich innerhalb des Spielfeldes. Wie wird entschieden?

56 Wie viele Sekunden darf der Torhüter den Ball ungestraft in den Händen halten?

57 Kann ein Schiedsrichter auf Vorteil entscheiden, wenn ein nicht korrekt ausgeführter Einwurf beim Gegner landet?

58 Es gibt einen Freistoß. Die ausführende Mannschaft fordert, dass der 9,15-Meter-Abstand eingehalten wird. Der Schiedsrichter blockiert deshalb die Ausführung. Der Angreifer schießt trotzdem den Ball, ohne das Schiedsrichterzeichen abzuwarten, ins Tor. Wie wird entschieden?

59 Ein Abwehrspieler führt den Abstoß aus. Er spielt den Ball zum Torwart, der außerhalb des Strafraums steht. Dieser läuft mit dem Ball am Fuß zurück in den Strafraum und nimmt ihn dort mit der Hand auf, um ihn abzuschlagen Wie entscheidet der Schiedsrichter?

Die Antworten finden Sie im Lösungsteil Seite 291.

60 Ein Spieler, dem ein direkter Freistoß zugesprochen wurde, will den Ball zurück zu seinem Torwart spielen. Dieser ist jedoch einen Moment unachtsam und der Ball rollt, ohne dass ihn der Torwart berührt hat, ins eigene Tor. Ist das Tor gültig?

61 Ein Abwehrspieler spielt den Ball so scharf zu seinem Torwart, dass dieser den Ball nur noch mit den Händen zur Ecke abwehren kann. Wie entscheidet der Schiedsrichter?

62 Wie lautet die Spielfortsetzung, wenn ein indirekter Freistoß direkt ins gegnerische Tor geschossen wird?

63 Ein Spieler, der sich wegen einer Verletzung beim Schiedsrichter abgemeldet und das Spielfeld verlassen hat, läuft unangemeldet zurück aufs Feld und verhindert eine klare Torchance, indem er einem Angreifer den Ball vom Fuß spielt. Wie entscheidet der Schiedsrichter?

64 Ein Abwehrspieler stellt sich vor der Ausführung eines direkten Freistoßes in korrekter Entfernung (9,15 Meter) vom vermeintlichen Schützen auf. Plötzlich beginnt er lauthals zu singen und gestikuliert dabei mit den Armen. Wie entscheidet der Schiedsrichter?

65 Eine Mannschaft, die nur mit zehn Spielern angetreten ist, möchte nach der Verlängerung, bevor das Elfmeterschießen beginnt, einen elften Spieler nominieren. Ist dies erlaubt?

Die Antworten finden Sie im Lösungsteil Seite 292.

66 Der Schiedsrichter hat auf Elfmeter entschieden. Plötzlich reißt sich ein Polizeihund hinter dem Tor los, stürmt auf das Feld und fängt den geschossenen Ball ab, bevor dieser die Torlinie überschritten hat. Wie geht's weiter?

67 Darf sich ein Torwart vor der Ausführung eines Elfmeters bewegen?

68 Ein auf der Bank sitzender Auswechselspieler beleidigt von dort den Schiedsrichter. Der Ball wird gerade im Mittelfeld gespielt. Wie entscheidet der Schiedsrichter?

69 Nach der Verlängerung folgt das entscheidende Elfmeterschießen. Darf eine Mannschaft ihren verletzten Torwart auswechseln, wenn bisher erst ein Spieler eingewechselt wurde?

70 In der Halbzeitpause wurde Spieler A für Spieler B ausgewechselt. Als nach der Pause der Schiedsrichter mit Spieler B das Spielfeld betritt, sieht er, wie Spieler A, der sich offensichtlich über seine Auswechslung ärgerte, seinen Trainer schlägt. Wie entscheidet der Schiedsrichter?

71 Darf ein bereits ausgewechselter Spieler für einen verletzten Kameraden erneut eingewechselt werden, weil keine anderen Ergänzungsspieler mehr vorhanden sind?

72 Darf ein Spieler einen Einwurf ausführen, indem er mit dem Rücken zum Spielfeld steht und den Ball über seinen Kopf nach hinten wirft?

Die Antworten finden Sie im Lösungsteil Seite 292.

73 Ein verärgerter Spieler verlässt unerlaubt das Spielfeld, obwohl ihn der Schiedsrichter auf die Folgen hingewiesen hat. Darf der Spieler später wieder am Spiel teilnehmen?

74 Wie wird entschieden, wenn ein Einwurf direkt im eigenen Tor landet?

75 Wie weit darf ein einwerfender Spieler von der Seitenlinie entfernt stehen?

76 Darf ein Spieler beim Elfmeter den Ball so nach vorne spielen, dass ein Mitspieler ihn erlaufen und ein Tor erzielen kann?

77 Der Torwart steht in seinem Torraum. Plötzlich spuckt er einen Spieler an, der sich außerhalb des Spielfeldes einer Abseitsstellung entzogen hat. Wie lautet die Entscheidung des Schiedsrichters?

78 Der Verteidiger hat einen Blackout und patzt gehörig. Sein Torwart ist darüber so verärgert, dass er seinem Mitspieler den Ball ins Gesicht wirft. Wie entscheidet der Schiedsrichter?

79 Darf bei einem Eckball die Eckfahne entfernt werden?

80 Bereits auf dem Spielfeld, aber noch vor dem Anpfiff, verhält sich ein Spieler unsportlich. Der Schiedsrichter zeigt ihm die gelbe Karte. Ist diese Entscheidung richtig?

Die Antworten finden Sie im Lösungsteil Seite 292.

Die großen Vereine der Welt

Die großen Vereine der Welt

1 Welche brasilianische Mannschaft wurde Weltpokalsieger 1962 und 1963?

2 Welche sind die Vereinsfarben des RSC Anderlecht?

3 Welche ausländischen Vereine trainierte Hennes Weisweiler?

4 Zu welchem Klub schlossen sich im August 1946 die beiden italienischen Vereine Sampierdarenese und Andrea Doria zusammen?

5 Welcher Verein besitzt das größte Stadion Europas?

6 Welchem Großunternehmen gehört der holländische Verein PSV Eindhoven?

7 Die Geschicke (bzw. Missgeschicke) welches französischen Vereins wurden vom Großindustriellen Bernard Tapie gelenkt?

8 Was beherbergt der Rotterdamer Vorort Feyenoord außer einem Fußballklub?

9 Welcher englische Verein ist als einziger noch niemals aus der 1. Division abgestiegen und war von Anfang an dabei?

10 Wie heißt der einzige griechische Verein, der ein europäisches Pokalfinale erreichte?

Die Antworten finden Sie im Lösungsteil Seite 293.

Welchen großen spanischen Verein trainierte dieser Holländer?

Die Antwort finden Sie im Lösungsteil Seite 304.

11 Wie hieß das Flugzeug, mit dem 1958 acht Spieler von Manchester United in München abstürzten?

12 Welcher Verein verbirgt sich hinter dem Namen FK Crvena Zvezda?

13 In welchem Land kämpfen die Boca Juniors um die Meisterschaft?

14 Wie heißen die drei erfolgreichsten Vereine Portugals?

15 Wie wird die Mannschaft von Rapid Wien noch genannt?

16 Aus welchem Verein ging Inter Mailand hervor?

17 Wieso hieß Inter(nazionale) Mailand in den dreißiger und vierziger Jahren Ambrosiana?

18 Welcher europäische Verein installierte in seinem Stadion erstmals VIP-Logen?

19 Wer ist Lokal- und Erzrivale von Panathinaikos Athen?

20 Welches Tier ziert das Wappen des AC Turin?

21 Wie kam Arsenal London zu seinem Vereinsnamen?

22 Welcher Franzose, der dreimal zu „Europas Fußballer des Jahres“ gewählt wurde, war in den achtziger Jahren der Star von Juventus Turin?

Die Antworten finden Sie im Lösungsteil Seite 293.

23 Welcher österreichische Trainer wurde mit Atletico Madrid 1972 Pokalsieger und im Jahr darauf spanischer Meister?

24 Welcher Verein wurde von einem Freundeskreis gegründet, der sich „Freunde des Schicksals" nannte, und dessen Zweck ursprünglich darin bestand, möglichst viel zu essen und zu trinken?

25 Welcher Verein ist älter: der FC Everton oder der FC Liverpool?

26 In welchem Café wurde Ajax Amsterdam gegründet?

27 Der ehemalige Bundesliga-Trainer Gyula Lorant starb 1981 während eines Spiels an einem Herzinfarkt. Bei welchem griechischen Verein saß er damals auf der Trainerbank?

28 Wer spielt im Estadio da Luz, im „Stadion des Lichts"?

29 Ist Glasgow Rangers der protestantische oder der katholische Großklub Glasgows?

30 Welche drei Vereine gewannen alle drei europäischen Cup-Wettbewerbe?

31 Warum wählten die Gründer des AC Mailand ausgerechnet die Vereinsfarben Schwarz und Rot?

Die Antworten finden Sie im Lösungsteil Seite 294.

32 Wie oft gewann Paris St. Germain einen Europapokal?

33 Welcher Liverpooler Stadtteilklub ist der Lokalrivale des englischen Rekordmeisters?

34 Welcher europäische Top-Klub spielt ohne Trikotwerbung?

35 Welcher italienische Verein gewann 1961 den ersten Europapokal der Pokalsieger?

36 Konnte der Klub diesen Erfolg wiederholen?

37 Wer spielt im Goodison Park?

38 Aus welchem Land kommt der kleine unter den großen Vereinen Jeunesse Esch (da ständiger Vertreter im Europapokal)?

39 Welcher europäische Verein gewann zehnmal die nationale Meisterschaft in Folge (Weltrekord!)?

40 Welcher französische Verein wurde 1991 wegen Überschuldung in die Zweite Liga zwangsversetzt?

41 Welcher italienische Verein bezahlte für einen Spieler 20 Millionen Mark Ablöse an den FC Barcelona?

42 Welcher schottische Verein hat weltweit die meisten nationalen Meistertitel errungen?

Die Antworten finden Sie im Lösungsteil Seite 294.

43 Wie heißt das Stadion des FC Barcelona?

44 Welches legendäre schwedische Stürmertrio, bekannt unter dem Namen „Gre-No-Li", wirbelte in den fünfziger Jahren beim AC Mailand?

45 Bei welchem englischen Verein spielten die folgenden Nationalspieler: Kevin Keegan, Chris Waddle, Paul Gascoigne und Peter Beardsley?

46 Welcher holländische Verein spielt im Constant-Vandenstock-Stadion?

47 Wie hieß das Stadion des AC Mailand, das Giuseppe-Meazza-Stadion, früher?

48 Für was standen die Vereinsfarben des FC Porto (Weiß-Blau)?

49 Welchem Krieg fiel das frühere Vereinsstadion („Estadio Monumental") von Atletico Madrid zum Opfer?

50 Welcher Österreicher gewann 1979 mit dem FC Barcelona den Europapokal der Pokalsieger?

51 Welchen Namen verbindet man unweigerlich mit Real Madrid?

Die Antworten finden Sie im Lösungsteil Seite 294/295.

Weltstars

Weltstars

1 Welcher deutsche Nationalspieler war der erste, der 100 Länderspiele bestritt?

2 Welcher Spieler von Manchester United ist unter dem Spitznamen „Der Milchmann“ bekannt?

3 Wer wurde Weltfußballer des Jahres 1994?

4 Für welches Land spielte Ruud Krol?

5 Für welchen italienischen Klub spielte der Brasilianer Zico?

6 Deutschlands Fußball-Denkmal Sepp Maier stand nur bei einem einzigen Spiel der WM-Endrunden 1970, 1974 und 1978 nicht zwischen den Pfosten. In welchem Spiel war das und wer war sein Vertreter?

7 Wer war der erste Spieler, der zweimal „Europas Fußballer des Jahres“ wurde?

8 Wer war der bisher einzige Torhüter, der diese Auszeichnung erhielt?

9 Aus welchem Land kam er?

10 Wer ist Edson Narantes do Nascimento?

11 Für welchen Verein war Kevin Keegan tätig, als er „Europas Fußballer des Jahres“ wurde?

Die Antworten finden Sie im Lösungsteil Seite 295.

12 In welcher Nationalmannschaft spielt George Haghi?

13 An wie vielen Weltmeisterschaften nahm der italienische Weltklassespieler Gianni Rivera teil, der mit dem AC Mailand zehnmal italienischer Meister wurde?

14 Wer war der erste Nicht-Europäer, der „Europas Fußballer des Jahres“ wurde?

15 Elias Figueras erhielt in den siebziger Jahren dreimal die Auszeichnung als „Südamerikas Fußballer des Jahres“. Aus welchem Land kommt er?

16 Welcher Spieler hält den Torrekord in Bundesliga und Nationalelf?

17 Wer wurde zum letzten Mal drei Jahre in Folge „Europas Fußballer des Jahres“?

18 Welcher italienische Rekordnationalspieler trägt den ehrenvollen Spitznamen „Franz“?

19 Wer war der teuerste Spieler der siebziger Jahre?

20 Wie viel Mark betrug die Ablösesumme, die der FC Barcelona 1982 für Diego Maradona an den argentinischen Klub Boca Juniors überwies?

21 In welchem Jahr erhielt Matthias Sammer die Auszeichnung für Europas besten Fußballer?

Die Antworten finden Sie im Lösungsteil Seite 295.

Zwei Weltstars eng vereint. Wie heißt der Engländer links neben Pelé?

22 Welcher italienische WM-Star war „Il divin codino", der göttliche Zopf?

23 Welchen Glauben übt dieser Spieler aus?

24 Wie hieß die ungarische Stürmerlegende Hidegkuti mit Vornamen?

25 Wie heißt der jüngere Bruder des früheren brasilianischen Nationalspielers Edu?

26 Wie oft wurde Johan Cruyff „Europas Fußballer des Jahres"?

Die Antworten finden Sie im Lösungsteil auf den Seiten 296 und 304.

27 Welcher Weltmeister des Jahres 1966 war „die Giraffe"?

28 Welcher brasilianische Fußballstar der achtziger Jahre rauchte 60 Zigaretten pro Tag, hatte aber Medizin studiert?

29 Warum wurde Franz Beckenbauer eigentlich kein Löwe und wechselte vom SC 1906 München statt zu 1860 München zu den Bayern?

30 Welches war der erste und der letzte Klub, für den Johann Cruyff spielte?

31 Welcher Sohn italienischer Eltern war der Star des belgischen EM-Teams von 1984?

32 Welcher Rapid-Wien-Star der dreißiger Jahre, genannt der „Papierne", wartete manchmal auf seine Gegner, um sie noch ein zweites Mal umdribbeln zu können?

33 Gegen welchen Gegner debütierte Franz Beckenbauer in der Nationalmannschaft?

34 Wer wurde als erster Bulgare „Europas Fußballer des Jahres"?

35 Wer war der letzte Russe, der diese Auszeichnung erhielt?

36 In welchem Jahr war das?

Die Antworten finden Sie im Lösungsteil Seite 296.

37 Wer wurde in Mosambique geboren und war der „schwarze Panther"?

38 Wer ist „JPP"?

39 In welchem Spiel schoss Pelé sein 1000. Tor? Im 809., im 909. oder im 1009. Spiel?

40 Welcher Däne wurde 1977 „Europas Fußballer des Jahres"?

41 Wie wird der Kolumbianer Carlos Valderama auch genannt?

42 Welcher Spieler, der zu „Europas Fußballer des Jahres" gewählt wurde, verschoss in einem WM-Finale seinen Strafstoß im Elfmeterschießen?

43 Welcher Russe wurde 1975 „Europas Fußballer des Jahres"?

44 Wie nannte man den Japaner Kunishige Kamamoto, der unter dem Trainer Dettmar Cramer 1968 die Bronzemedaille bei den Olympischen Spielen gewann und auch in der Weltauswahl eingesetzt wurde?

45 Ein einmaliger Rekord: Zwischen September 1972 und Juni 1974 blieb ein Nationaltorhüter 1142 Minuten (in Länderspielen) ohne Gegentor. Wie heißt diese Torwartlegende?

Die Antworten finden Sie im Lösungsteil Seite 296.

46 Wie bezeichnen ihn seine Landsleute?

47 Welcher frühere französische Weltklassespieler hegte am Anfang seiner Länderspielkarriere den Wunsch „einmal den großen Beckenbauer zu verarschen"?

48 Durch welchen Trick ist der Brasilianer Rivelino bekannt geworden?

49 Wie funktionierte dieser Trick?

50 Welcher englische WM-Star gilt als einer der fairsten Spieler der Welt?

51 Für welches Land spielte Josef Boszik?

52 Wer ist Arthur Antunes Coimbra?

53 Welcher spanische Stürmer wurde „El Buitre", der Geier, genannt?

54 Wie viele Meisterschaften und Pokale gewann Franz Beckenbauer in seiner Karriere als aktiver Spieler?

Die Antworten finden Sie im Lösungsteil Seite 296/297.

Wer ist gemeint?

Wer ist gemeint?

1 „Sammy", wie ihn seine Freunde nennen, wurde am 5. September 1967 in Dresden geboren. Als Knirps schloss er sich irgendwann der SG Gröditz an, in der er die ersten Ballkontakte hatte. Später lernte er sicherheitshalber Maschinen-Anlagenmonteur, obwohl seine große Leidenschaft früh dem Fußball galt. Mit 19 Jahren kickte er zum ersten Mal in der Nationalmannschaft der DDR – und aß in all den Jahren kein Schweinefleisch, denn das mag er auch heute noch nicht so gerne! 1990 wechselte er für 3,5 Millionen Mark in eine süddeutsche Metropole, in der er seine Tochter Sarah zeugte. Zwei Jahre später heiratete er die Mutter seiner Tochter, da war er aber schon Deutscher Meister, erster ostdeutscher Spieler im gesamtdeutschen Nationalteam und 23 Jahre alt. Wer ist gemeint?

2 „Schau niemals zurück" lautet das Motto dieses gebürtigen Frankfurters, der am 2. September 1967 das Licht der Welt erblickte. Mit sieben Jahren schaute er mal beim Jugendtraining von Schwarz-Weiß Frankfurt zu und es gefiel ihm. Er machte mittlere Reife, lernte Bürokaufmann, nicht ohne vorher zu einem bekannteren hessischen Verein zu wechseln. Schon in seiner Jugendzeit machte er Bekanntschaft mit einem schwarzen Abt, der seine Geschicke für lange Zeit bestimmten sollte. Einige Jahre lebte er in Südeuropa, entdeckte dort die Musik von Eros Ramazzotti und wurde Weltmeister. Wer ist gemeint?

Die Antworten finden Sie im Lösungsteil Seite 297.

Wer ist gemeint?

3 Er wurde am 1. Mai 1966 geboren und begann beim STV Horst-Emscher (der war früher mal sehr bekannt!) Fußball zu spielen. Der 1,70 Meter große „Fußball-Zwerg", etwas liebevoller „Professor" genannt, war der Prinz Eisenherz des 20. Jahrhunderts: Er wurde erst Knappe, um nach einiger Zeit von einer bayrischen Adelsfamilie adoptiert zu werden und eine hohe Mitgift zu erhalten. Aber irgendwie wollte er immer wieder Knappe sein – und so verließ er seine „Familie" wieder und zog zurück in seine Heimat, wo es auch genug Kohle gab, wenn auch immer weniger. Durch die Verletzung eines Kameraden durfte er 1998 noch mal in einem ganz großen Wettbewerb zeigen, was er so draufhat. Wer ist gemeint?

4 Er wurde am 16. September 1965 geboren und begann seine Fußballkarriere beim TSV Ellhofen. Nicht verbürgt ist, dass der Trainingsplatz dieses kleinen Allgäuer Vereins neben dem Gelände eines FFK-Klubs lag, der zum Leidwesen der pubertierenden Spieler durch eine zwei Meter hohe Sichtwand vor neugierigen Blicken geschützt wurde. So aß der Bub recht viel, um „hauptsächlich groß" und ein bisschen stark zu werden, kam aber über 1,79 Meter nicht hinaus. So musste er wohl oder übel seine Sprungkraft verbessern, um über den Zaun sehen zu können. „König der Lüfte" wurde er deshalb früh von seinen Kollegen genannt. Bald schon sprang er höher als alle seine Kameraden, spielte mit Köpfchen und wechselte nach Berlin, wo er seine ersten Bundesliga-Einsätze feiern konnte – und außerdem lagen an der Spree jede Menge Nackedeis, einfach so, ganz ohne Sichtschutz! Wer ist gemeint?

Die Antworten finden Sie im Lösungsteil Seite 297.

Wer ist gemeint?

5 Er war Fußballer bei Borussia Mönchengladbach und bei Kickers Offenbach. Als Kind liebte er den Jahrmarkt und das Karussellfahren. Als er größer wurde und seine Kleidung und seine Haare im Spiegel betrachtete, konnte er sich selbst kaum noch von den jungen Männern unterscheiden, die auf der Kirmes zum Mitreisen gesucht wurden und beim Autoskooter immer die tollen Dauerchips mit dem Fuchsschwanz dran hatten. Am liebsten fuhr er das Trainerkarussell, viele Jahre lang immer das gleiche – aber irgendwie ohne richtigen Erfolg. Aber Titel interessieren ja auf der Kirmes niemanden so richtig. Einmal ließ er sich die Haare etwas kürzer schneiden, weil er eine Wette verloren hatte, aber das ist auch nicht so wichtig. Wer ist gemeint?

Effe

6 Der am 27. Juli 1957 geborene Mittelfeldspieler (der zunächst aber nur ein Baby war), spielte 14 Jahre lang beim VfB Stuttgart, bevor er seine Brötchen in Italien verdiente. Da er schon in Deutschland immer schön gebräunt aussah – halt so ein südländischer Typ, auf den die Mädels abfahren – fiel er dort nicht so auf, nur sein Rufname bereitete den Pasta- und Pizza-Essern Sorgen, denn auch in Italien wurden nur Kanarienvögel so genannt. Durch seine 42 Länderspiele, die häufiger von Frauen geschaut wurden als die samstägliche Sportschau, galt er als schönster Fußballer der Republik und es gab ganz viele Poster von ihm in der „Bravo". Heute kann er gut italienisch und interviewt die Leute, die auch diese Sprache sprechen manchmal im deutschen Privatfernsehen. Wer ist gemeint?

Die Antworten finden Sie im Lösungsteil Seite 297.

Wer ist gemeint?

7 Er schoss fast 600 Tore als Jugend- und 772 Tore als ausgewachsener Fußballer. Er wurde 1936 in Hamburg geboren, spielte 72-mal für Deutschland, wurde aber irgendwie nie Weltmeister. Einmal war er zu jung, ein andermal zu alt, dafür schoss er viele und manchmal auch kuriose Tore. Zum Beispiel mit dem Hinterkopf. Der „Fußballer des Jahres" 1960, 1964 und 1970 versucht sich gerade als Präsident seines Ex-Vereins – das ist jetzt so üblich, denn woanders will man die Ex-Spieler nicht. Der Mann mit dem grammatisch völlig unlogischen Rufnamen sieht heute nicht mehr so gut, deshalb sehen seine Augen unter der dicken Brille immer so komisch aus. Wer ist gemeint?

8 Der am 21. März 1961 geborene Erlanger feierte seine ersten Fußballerfolge als „Fohlen". Als er längst auf der Koppel für richtige Hengste war, selbst schon einige Fohlen gezeugt hatte, heiratete er die Verona Feldbusch Italiens. Aber das war alles Hobby, denn seine berufliche Leidenschaft gehörte (und gehört noch immer) dem Fußball, die ihn auch zum deutschen Rekordnationalspieler machte. Irgendwann hat er dann aber ganz doll Aua gehabt und spielte danach nicht mehr so gut. Beim FC Bayern verdient sich die Mähre heute ihr Gnadenbrot. Wer ist gemeint?

Die Antworten finden Sie im Lösungsteil Seite 297.

Wer hat das gesagt?

Wer hat das gesagt?

1 Zum Aufwärmen: Vom wem stammen die Zitate: „Der Ball ist rund." und „Ein Spiel dauert 90 Minuten."?

2 Wer lehnte einen lukrativen Wechsel ins Ausland ab mit den Worten: „Dehäm is dehäm."?

3 Welcher frühere Weltfußballer des Jahres sagte einmal, als er nur Ersatzspieler war: „Im Moment fühle ich mich wie ein Ferrari, der von einem Verkehrspolizisten gefahren wird."?

4 Welcher deutsche Trainer hat gesagt: „Wo ich bin, da ist oben."?

5 Wer hatte nach Meinung Fritz Walters „einen unerschöpflichen Vorrat an Blödsinn und Übermut"?

6 Welchen Coach bezeichnete Walter Jens einmal als „eine Art Erik Ode auf der Trainerbank"?

7 Welcher deutsche Europameister hat gesagt: „Fußball ist Arbeit und Kunst. Die Kunst muss man sich erarbeiten."?

8 Was antwortete Willi „Ente" Lippens dem Schiedsrichter, der ihm mit den Worten „Ich verwarne Ihnen" die gelbe Karte zeigte?

9 Welcher ehemalige Nationaltrainer Englands hat gesagt: „Die ersten neunzig Minuten sind die schwersten!"?

Die Antworten finden Sie im Lösungsteil Seite 297.

10 Welcher Bundesligaspieler beschimpfte den Schiedsrichter einmal als „blinde Bratwurst"?

11 Von wem stammt die Weisheit: „Die Spieler reden nicht nur zu viel vom Geld, sie denken auch zu viel daran."?

12 Welcher deutsche Trainer urteilte 1995 über den Meistertrainer Ottmar Hitzfeld: „Er ist ein Wolf im Schafspelz. Aber eine Krawatte macht noch keinen Gentleman."?

13 Welcher frühere Nationalstürmer wurde vom Hamburger Abendblatt mit den Worten zitiert: „Ich möchte nie mehr Fußball spielen, sondern nur noch am Tresen stehen und saufen."?

14 Welcher Sündenbock für die WM-Halbfinalniederlage 1958 gegen Schweden hat gesagt: „Es war wie ein Begräbnis, als ließen sie meinen Sarg runter, langsam, Stück für Stück."?

15 Wer machte folgende Aussage: „Ich habe nicht gesehen, dass der Ball im Tor war, aber ich sah, wie der Engländer Hunt nach dem Schuss von Hurst seine Arme hochriss. Ich sah auch, dass der deutsche Torwart einen untröstlichen Eindruck machte. Deshalb muss es ein Tor gewesen sein."?

Die Antworten finden Sie im Lösungsteil Seite 298.

Wer hat das gesagt?

16 Welcher ehemalige Trainer einer Weltmeistermannschaft sagte: „Die Kunst, ein Nationalteam zusammenzustellen besteht nicht darin, die besten elf Spieler eines Landes auszuwählen, sondern die elf, die am besten zusammenpassen."?

17 Welcher Coach einer Weltmeister-Elf hat gesagt: „Beim guten Fußball ist das gekonnte Spiel nicht nur schmückendes Beiwerk für das, was taugt, den Sieg nämlich."?

18 Welche österreichische Trainer-Legende hat über seine Mannschaft mal gesagt: „Laufen wollens net, Disziplin habens net. Die meisten san schlamperte Genies."?

19 Welcher Trainer sagte nach seiner Entlassung: „Das schönste an Schalke war die Autobahnauffahrt nach München."?

20 Welcher bekannte Stürmerstar sagte: „Von Wales nach Italien zu gehen, das ist, als ob man in ein anderes Land kommt!"?

21 Welcher frühere „Europas Fußballer des Jahres" sagte: „Ich hatte in meinem Leben nur zwei Laster: Rauchen und Fußball spielen. Fußball hat mir alles gegeben, aber das Rauchen hat es fast alles wieder genommen."?

22 Wer sagte über Paul Gascoigne, als bekannt wurde, dass dieser zu Lazio Rom wechseln würde: „Ich freue mich für ihn. Es ist, als ob deine Schwiegermutter in deinem neuen Auto über die Klippen fahren würde."?

Die Antworten finden Sie im Lösungsteil Seite 298.

Wer hat das gesagt?

23 „Ein Länderspiel, das sind für mich drei Leitz-Ordner!" Von welchem Bundestrainer stammt dieser Satz?

24 „Zu Hause lagen Telegramme von Franz-Josef Strauß und Helmut Kohl. Ich hatte aus meiner Sympathie zu ihnen nie einen Hehl gemacht. Jetzt sprachen sie mir Trost zu. Das sind Freunde." Welcher ehemalige Nationalspieler hat das erzählt?

25 Welcher berühmte brasilianische Fußballstar sagte über den Unterschied zwischen dem südamerikanischen und dem europäischen Fußball: „Unser Fußball kommt vom Herzen, der andere vom Verstand."?

26 Wer äußerte sich 1984 mit den Worten: „Ich hoffe, dass Beckenbauers Wende besser wird als die Kohlsche."?

27 Welcher ehemalige Spieler von Manchester United sagte einmal: „Ich könnte den Anonymen Alkoholikern beitreten. Das Problem dabei ist nur, ich kann nicht anonym bleiben."?

28 Wer prophezeite: „Wir sind die letzten Helden des 20. Jahrhunderts. Nach uns kommen nur noch Spieler aus Kunststoff."?

29 Wer war nach eigener Aussage „giftiger als die giftigste Kobra"?

Die Antworten finden Sie im Lösungsteil Seite 298.

Wer hat das gesagt?

30 Welcher italienische Verteidiger sagte über sein raues Vorgehen gegen seinen Gegenspieler Diego Maradona: „Das hier ist schließlich keine Tanzschule!“?

31 Der Chef von Juventus Turin, Gianni Agnelli, beschrieb einmal einen englischen Spieler als „Soldat mit dem Gesicht eines Kindes“. Um wen handelte es sich?

32 Welcher berühmte Ungar stellte fest: „Ich bin meinem Vater dankbar für all das Training, das er mir nicht gab.“?

33 Welcher frühere englische Stürmer sagte: „Fußball ist ein einfaches Spiel, bei dem 22 Spieler gegeneinander spielen und bei dem am Ende Deutschland gewinnt.“?

34 Über welchen Holländer wurde einmal gesagt: „Er kennt das Spiel von A bis Z und wenn das Alphabet noch mehr Buchstaben hätte, dann würde er auch die kennen.“?

35 Welcher Brasilianer bemerkte 1982: „Fußball wurde so populär, weil es eine Kunst war. Doch heute werden zu viele Spielfelder zu Schlachtfeldern.“?

36 „Das schönste im Leben ist, normal zu sein.“ Welcher Hamburger hat dies behauptet?

37 Wer bemerkte über Sepp Maier: „Der hat einen schönen, kräftigen Händedruck.“?

Die Antworten finden Sie im Lösungsteil Seite 298/299.

Wer hat das gesagt?

38 Wer sagte über sich selbst: „Leute, die mich als Maoisten, Marxisten und Sozialisten bezeichnen, sind primitiv und oberflächlich. Ich bin lediglich ein Mensch, der versucht zu tun, was er will."?

39 Welcher Nationaltrainer sagte während der Europameisterschaft 1996: „Wenn ich über Wasser gehen würde, dann würden meine Kritiker behaupten, ich täte dies, weil ich nicht schwimmen könnte."?

40 Welcher Trainer sagte bei der Europameisterschaft 1996, am Abend des Spiels seiner Mannschaft gegen Gastgeber England, über die Zuschauer: „2.000 von uns gegen 70.000 Trunkenbolde"?

41 Wer hat gesagt: „Unser Koch hat Inter Mailand gekauft."?

42 „Was eingetreten ist, ist nicht Schuld des Vorstands oder des Vereins, sondern höhere Mächte waren im Spiel." Welcher Vereinspräsident äußerte diese Meinung über den Bundesliga-Bestechungsskandal?

43 Welche Fußballlegende sagte: „Ein Strafstoß ist ein feiger Weg, um ein Tor zu erzielen."?

44 Welche Trainerlegende sagte: „Nicht nur der Trainer, auch ein Spieler kann vernünftige Gedanken haben."?

45 Wer ließ sich und seinen Männern „nicht die Butter vom Brot nehmen"?

Die Antworten finden Sie im Lösungsteil Seite 299.

Wer hat das gesagt?

46 Wer sprach erstmals von der „geordneten Unordnung"?

47 Welcher holländische Nationalspieler sagte einmal: „Wenn ich ein Einzelspieler hätte werden wollen, dann hätte ich begonnen, Tennis zu spielen."?

48 „Einige Leute halten Fußball für einen Kampf auf Leben und Tod. Ich mag diese Einstellung nicht. Ich versichere Ihnen, dass es weit ernster ist." Von wem stammt dieser Satz?

49 Wer bezeichnete „Fußball aus der Tiefe des Volkes" als politisch linken Fußball?

50 Wer prägte die Fußballweisheit: „Nach dem Spiel ist vor dem Spiel."?

51 Bei welchem Verein stand der Spieler unter Vertrag, der sich angeblich mit folgendem Reim bei seinem Gegenspieler vorgestellt hat: „Mein Name ist Finken und du wirst gleich hinken."?

52 Welcher Weltmeister von 1974 hat gesagt: „Mein Ehrgeiz ist mein Hobby."?

53 Wer wies Bum Kun Cha bei seinem Wechsel von Frankfurt nach Leverkusen 1983 nach eigener Aussage den Weg?

54 Wer sagte: „Wer viel versteht, der braucht nicht viel zu reden."?

Die Antworten finden Sie im Lösungsteil Seite 299.

Kuriositäten

Kuriositäten

1 Welcher ehemalige deutsche Nationalspieler war schon einmal Karnevalsprinz?

2 Welcher frühere US-Außenminister war ein Fan der SpVgg Fürth?

3 Welche Fußball-Brüder sangen das Lied vom „Mädchen meiner Träume"?

4 Wer war der erste farbige Spieler im Trikot der deutschen Nationalelf?

5 Was haben die SpVgg Fürth und Celtic Glasgow gemeinsam?

6 Ruud Gullit spielte in einer Band. Welche Art von Musik machte sie?

7 Was musste Reinhard Münzenberger wegen der WM 1934 verschieben?

8 Was bedeutet die Bezeichnung „Libero"?

9 Wer trug den Namen „Bomber der Nation"?

10 Wo verbrachte Fritz Walter nach eigenen Angaben meistens die Zeit kurz vor Anpfiff eines Länderspiels?

11 Wie hieß der Mann, der mit seiner Gerichtsklage die „Grenzen für europäische Profifußballer öffnete"?

Die Antworten finden Sie im Lösungsteil Seite 299/300.

12 Einer der Architekten des weltberühmten Pariser Kulturzentrums „Centre Pompidou", Renzo Piano, war auch Bauherr eines italienischen WM-Stadions. In welcher Stadt steht diese Arena?

13 Wer musste seinen Verein verlassen und durfte nicht mehr in der Nationalelf spielen, weil er in einem Buch mit Kollegen und dem Fußballverband abrechnete?

14 Welcher Weltmeister von 1954 wurde drei Jahre später wegen Trunkenheit am Steuer zu zwei Wochen Haft verurteilt?

15 Welcher deutsche Bundesligaverein spielt im „Kühlschrank von Stellingen"?

16 Wo ist der ehemalige Jules-Rimet-Weltpokal heute zu besichtigen?

17 Welchem Verein entzog der DFB erstmals wegen wirtschaftlichen Gründen die Lizenz?

18 Seit welchem Jahr werden Fernsehbilder bei den DFB-Sportgerichts-Verhandlungen als Beweismittel zugelassen?

19 Welcher spanische Sänger war früher Torwart bei Real Madrid?

20 Ohne welches Kleidungsstück war der frühere Bundesliga-Trainer Pal Csernai nie zu sehen?

Die Antworten finden Sie im Lösungsteil Seite 300.

Kuriositäten

21 Welcher deutsche Weltmeister unternahm 1969 einen Selbstmordversuch?

22 Nach welchem Verein ist in London eine U-Bahn-Station benannt?

23 Welchem Verein baute ein ehemaliger Spieler später als Architekt ein Stadion?

24 Wie war der Spitzname dieses Spielers?

25 Wer war der „Mann mit der Mütze"?

26 Warum pfiff Uwe Seeler eine Zeit lang auf einen „Hattrick"?

27 Wer schrieb das Buch „Ballfieber" („Fever Pitch")?

28 Die Hauptfigur dieses Buches ist ein leidenschaftlicher Fußballfan. Von welchem Klub?

29 Wer war der „rote Paul"?

30 In welcher Stadt wird angeblich die zukünftige Klubzugehörigkeit von Neugeborenen an der Farbe der Köpfe bestimmt?

31 Welcher deutsche Trainer hatte als Markenzeichen einen blauen Pullover?

Die Antworten finden Sie im Lösungsteil Seite 300/301.

Warum ließ sich Stefan Effenberg 1994 einen Tigerkopf ins Haar färben?

32 Was sagte der damalige Bundespräsident Heinrich Lübke zum Wembley-Tor und dem WM-Finale von 1966, das er gar nicht gesehen hatte?

33 Wessen Beine und „sexy knees" besang das englische Pop-Duo „Alain and Denise"?

34 Welcher „Heintje" kann auch Fußball spielen?

35 Was isst Paul Gascoigne sichtlich zu gerne?

36 Wer wurde als erste Frau Schützin zum „Tor des Monats"?

Die Antworten finden Sie im Lösungsteil auf den Seiten 301.

37 Wie hieß der Spieler, dem man in seinem Heimatland wegen eines einzigen Tores ein Parfüm mit dem Namen „Talonnade" (Hackentrick) widmete?

38 Welcher englische Nationalspieler hatte einen Charterfolg mit dem Lied „Do The Right Thing"?

39 Welcher Verein bekam, nach Aussage seines Trainers, 1986 Heizöl nur gegen Cash und auch noch die Telefonleitungen gekappt, weil er in einen finanziellen Engpass geriet?

40 Wer eröffnete seine Reportage über das EM-Qualifikationsspiel gegen Wales zur EM 1992 fälschlicherweise mit den Worten „Willkommen in Glasgow"?

41 Wo fand das Spiel tatsächlich statt?

42 Welches ungewöhnlich frühe Tor fiel 1998 im Champions-League-Spiel Real Madrid – Borussia Dortmund?

43 Wem gelang das Kunststück, in einem Länderspiel einen Elfmeter zu verschießen und noch ein Eigentor zu verursachen?

44 Gegen wen spielte Manchester United am Abend von Eric Cantonas unrühmlichem Kung-Fu-Tritt?

45 Welcher englische WM-Star des Jahres 1966 sang eine Version des Songs „You 'll Never Walk Alone", kam damit aber nie in die Charts?

Kuriositäten

46 Bei der WM 1982 saßen Horst Hrubesch und Uwe Reinders angeblich jeden Abend zusammen und bestellten pünktlich um Mitternacht etwas beim Küchenchef. Was musste der Koch zubereiten?

47 Wo steht das größte Fußballstadion der Welt?

48 Seit wann gibt es Schuhe mit Schraubstollen?

49 Wie nennt man den Fußball in den USA?

50 In welcher Straße lebten Sepp und Ev Herberger bis zu ihrem Tod?

51 Welcher französische Nationalspieler der siebziger und achtziger Jahre war Mitglied der trotzkistischen Partei?

52 Wie nennt man die obere Begrenzung eines Fußballtores?

53 Welches Land gilt als das Mutterland des Fußballs?

54 Welches Duo sang „Un' estate italiana" anlässlich der WM 1990?

55 Wer ist der „Knipser"?

56 Wer war der erste „Fußballer des Jahres" in Deutschland, der nicht in der Bundesliga spielte?

Die Antworten finden Sie im Lösungsteil Seite 301/302.

57 Wer erinnert sich nicht an das berühmte Spiel 1971 auf dem Bökelberg, als der Pfosten brach und das Tor zusammenfiel. Gegen wen spielte die Borussia an diesem Tag und wie wurde das Spiel gewertet?

58 Welche Anforderungen wurden in den so genannten „Jenaer Regeln" von 1896 an ein Fußballfeld gestellt?

59 Seit welchem Jahr darf im Fußball nicht mehr ungestraft getreten und geschlagen werden?

60 Warum wurde Mr. Sportschau Ernst Huberty ins dritte Programm verbannt?

61 In welchem Bereich des Spielfeldes durfte der Torwart bis zum Jahr 1912 den Ball mit der Hand spielen?

62 Wer ist „BTT"?

63 Welcher Versprecher kostete Carmen Thomas den Job als Moderatorin des „Aktuellen Sportstudios"?

64 Welche Nationalspieler weigerten sich in den achtziger Jahren, weiter unter Bundestrainer Jupp Derwall für Deutschland zu spielen?

65 Wie sah der Strafraum vor dem Jahr 1902 aus?

66 Warum verkündete Gerd Müller nach dem WM-Erfolg 1974 seinen Rücktritt aus der Nationalmannschaft?

Die Antworten finden Sie im Lösungsteil Seite 302.

67 Wo liegt der „Gemeindesportplatz“?

68 Gegen wen fiel das kuriose Hinterkopf-Tor Uwe Seelers?

69 Wer waren Tip und Tap?

70 Wer war der unbeliebteste, aber (wenn man die Länderspielbilanz betrachtet) erfolgreichste Bundestrainer?

71 Welcher Weltmeister des Jahres 1966 war Sohn eines Totengräbers und erschreckte seine Gegenspieler, weil er vor dem Spiel seine Zahnprothese herausnahm?

72 Wer fuhr 1983 mit seinem Mercedes und 2,06 Promille gegen einen Telefonmast?

73 Warum hatte Fortuna Düsseldorf Ende der siebziger Jahre einen „Bommerlunder-Sturm“?

74 Welchen Spitznamen trug Karl-Heinz Rummenigge zu Beginn seiner Karriere?

75 Was hatte die Entführung des Kreuzfahrtschiffs „Achille Lauro“ 1982, das von palästinensischen Terroristen gekapert wurde, mit Fußball zu tun?

76 Welche Liga war die Operetten-Liga?

77 Mit welchem Nationalteam sang Rod Stewart anlässlich der WM 1978 in Spanien?

Die Antworten finden Sie im Lösungsteil Seite 302/303.

Kuriositäten

78 Das WM-Quartier der Nationalelf bei der WM 1978 in Argentinien hieß Ascochinga. Was bedeutet der Name wörtlich übersetzt?

79 Welcher frühere Bundesliga-Trainer war einmal NPD-Mitglied?

80 Welche Spielerfrau wich ihrem Gatten vor der WM 1994 nicht von der Seite und sorgte für viel Hohn und Spott unter den Nationalspielern?

81 Welchen Beruf lernte Jürgen Klinsmann?

82 Wie flüchtete Kalle Rummenigge nach der peinlichen Länderspielniederlage gegen Portugal 1979 (0 : 1) vor lästigen Journalistenfragen?

83 Welches Team war früher wegen seiner schwarz-gelb gestreiften Trikots als „Kartoffelkäfer" bekannt?

84 Wie kam Dr. Peco Bauwens, von 1949 bis 1962 DFB-Präsident, 1910 zu seinem ersten Länderspiel?

85 Welche deutsche Musikgruppe erhob bei ihrer Deutschland-Tournee 1989 eine „Fortuna-Mark", um die Düsseldorfer Fortuna zu unterstützen?

86 Warum zertrümmerte Torwart Hans Tilkowski im Mannschaftsquartier der WM 1962 das Mobiliar?

Kuriositäten

87 Wer ist Autor des Buches „Der Chef“?

88 Welche Schuhgröße hatte Gerd Müller?

89 Um wen kümmert sich die Sepp-Herberger-Stiftung?

90 Wo schlief Uwe Rahn bei der WM 1986 so fest ein, dass ihn zwei seiner Kollegen wieder unbemerkt in sein Bett tragen konnten?

91 Welchem britischen Torwart wurde wegen seiner Verdienste die Ehrendoktorwürde verliehen?

92 Was hatte Horst Szymaniak in seiner Sporttasche, als er zum ersten Mal von Dettmar Cramer zu einem DFB-Lehrgang eingeladen wurde?

93 Welcher deutsche Komponist und Schlagerstar schrieb 1990 die Erkennungsmelodie zur „ARD-Sportschau“?

94 Welche Verbindung hat die Ex-Frau dieses Musikers zum Fußball?

95 Am Tag nach dem WM-Sieg 1990 war die Nationalelf zum Empfang beim deutschen Botschafter geladen. Als der Botschafter eine Rede halten wollte, sagte Torwarttrainer Sepp Maier zur Dame neben ihm: „Ach, was will der denn? Wir sind Weltmeister, der ist doch höchstens Bademeister.“ Was konnte Maier nicht wissen?

Die Antworten finden Sie im Lösungsteil Seite 303.

Kuriositäten

96 Welcher österreichische Radiokommentator kommentierte den ersten Sieg der Österreicher über Deutschland nach 47 Jahren mit den Worten: „I wed narrisch!"?

97 Bei der WM 1970 konnte sich Helmut Schön vor dem Spiel um Platz 3 nicht zwischen Karl-Heinz-Schnellinger und Willi Schulz entscheiden. Warum bekam Schnellinger zunächst den Zuschlag?

98 Warum wurde Willi Schulz nach diesem Spiel nie mehr zu einem Länderspiel eingeladen?

99 Welcher Nationalspieler saß 1987 in der Bundesversammlung, die Bundespräsident von Weizsäcker wählte?

100 Wer ergatterte nach dem WM-Finale 1990 das Trikot von Diego Maradona?

Die Antworten finden Sie im Lösungsteil Seite 303/304.

Lösungsteil

Lösungen Fußball-Historie

1 Der VfB Leipzig

2 1903

3 1935 (17 Spiele)

4 3 Spiele (gegen Spanien, Schweden und England)

5 Der Hamburger SV

6 60 Minuten

7 In England

8 Fritz (Jahrgang 1920) ist vier Jahre älter als Ottmar.

9 Ja, 1939 mit 0:1!

10 Nein, also das nun wirklich nicht!

11 In dieser Zeit gab es die beiden Nationalspieler Alfred Au und Willy Fick.

12 „Bund deutscher Fußballspieler"

13 Der Engländer Stan Matthews (Blackpool FC)

14 Josef

15 Der 1. FC Nürnberg (1921)

16 Ludwig Männer (Hannover 96), der von 1937 bis 1940 fünf Länderspiele bestritt.

17 Uruguay

18 1878 im englischen Sheffield

19 Acht Spieler! Endstand (2:0 für Deutschland)

20 Der Elfmeter

21 Der „Held von Bern" Helmut Rahn

22 Als Gebrauchtwagenhändler

23 100 Spiele

24 Sie stellten vor dem Zweiten Weltkrieg die meisten Nationalspieler.

25 1954 (bei der 1:3-Niederlage gegen Frankreich in Hannover)

26 Werner Kohlmeyer

27 Weil er ein ähnlich starker Techniker war die der Engländer Stan Matthews.

28 Die Schweiz (1908)

29 Von Kickers Frankfurt

30 Die Schweiz

31 Max Breunig (1910 gegen Holland)

32 Wieder dieser Holland-Freund Max Breunig, der 1913 übrigens noch einen weiteren Elfer gegen Holland vergab

33 Die Schweiz

34 Toni Turek

35 Die Besatzungen von Kriegsschiffen!

36 England

37 Professor Otto Nerz (Nationaltrainer von 1926 bis 1936)

38 Wegen Disziplinlosigkeit (er hatte gegen die Anordnung Nerz' verstoßen und eine Apfelsine gegessen!)

39 21. Mai 1904

40 Großbritannien

41 Einen einzigen: Ernst Lehner

42 Mit dem Dresdner Sport-Club (1943 und 1944)

43 Seit 1872

44 Dieser Pokal gilt als Vorgänger des DFB-Pokals. Er wurde 1935 vom damaligen Reichssportminister von Tschammer und Osten gestiftet.

45 Fritz Walter (18 Jahre)

46 Das Spiel am 22. 11. 1950 in Stuttgart gegen die Schweiz (115.000 Zuschauer!)

47 Die Spiele am 16. 5. 1910 in Duisburg gegen Belgien und am 17. 12. 1911 gegen Ungarn (je 4.000 Zuschauer)

48 Der 1. FC Nürnberg

49 Fritz Walter: Bei seinem letzten Länderspiel war er 37 Jahre alt.

50 Kolumbien

51 Der FC Bayern München, der 1. FC Nürnberg, der 1. FC Kaiserslautern und Borussia Mönchengladbach

52 Gegen das Saarland

53 Der FC Barcelona

54 Ferenc Puskás

55 Kaiserslautern verlor im Endspiel um die deutsche Meisterschaft gegen Hannover 96 deutlich mit 1:5.

56 Union 92 Berlin (1905) und Viktoria 89 Berlin (1908 und 1911)

57 Böhmen/Mähren, DDR, Saarland, UdSSR

58 Der STV Horst-Emscher: Die Mannschaft aus Gelsenkirchen nannte man die Emscher-Husaren

59 19 Spiele

60 Die Einführung der Bundesliga

61 Olympique Lille

62 23 (Ostpreußen, Pommern, Brandenburg, Schlesien, Sachsen, Mitte, Nordmark, Niedersachsen, Westfalen, Niederrhein, Mittelrhein, Moselland, Hessen, Südwest, Westmark, Baden, Elsaß, Württemberg, Bayern, Ostmark, Sudetenland, Danzig-Westpreußen und Wartheland)

63 Sepp Herberger

64 Manchester United

65 Rapid und Admira Wien

66 Der FC Schalke 04

67 Der Kassierer des FC Schalke Willi Nier

68 70.000 Zuschauer(!) sahen das Spiel in der Glückauf-Kampfbahn

69 49

70 Nach zwei abgebrochenen Endspielen gegen den 1. FC Nürnberg (2:2 und 1:1) wurde der HSV vom DFB zum Meister erklärt, verzichtete aber später auf den Titel

71 Das erste Spiel wegen anbrechender Dunkelheit, das zweite, weil nur noch sieben Nürnberger auf dem Platz standen!

72 Er erzielte in der Saison 1927/28 in 39 Spielen 60 Tore für den FC Everton (Weltrekord!).

73 Dr. Peco Bauwens

74 Der AC Bologna

75 Gegen Rapid Wien (3:4)

76 Kriegsmeisterschaft

77 Seit 1951

78 Nein!

79 Ernst Lehner (Schwaben Augsburg und Blau-Weiß Berlin)

80 Die landsmannschaftlichen Auswahlmannschaften

81 Bundespokal

82 Adolf-Hitler-Pokal

83 Die Mannschaft der Oxford-Universität (allerdings war das im letzten Jahrhundert!)

84 Seit 1940

85 138 Spieler in 75 Länderspielen

86 WM-Dritter 1934

87 Niederlagen sollten den Nimbus nicht zerstören.

88 Sie schieden in der Zwischenrunde durch ein 0:2 gegen Norwegen aus.

89 Nein, Willi Baumgärtner (17 Jahre und 3 Monate) und Marius Hiller III. (17 Jahre und 7 Monate) waren noch einige Monate jünger.

90 Berlin und Hamburg (Endstand 13:0)

91 1905

92 Weil die FIFA einen Antrag Englands ablehnte, wegen des Ersten Weltkriegs Deutschland, Österreich und Ungarn auszuschließen.

93 Das Fernsehzeitalter begann!

94 Da es vor 1900 den DFB noch nicht gab und die Spiele 1901 nicht von ihm organisiert wurden.

95 Mehr als 900.000, exakt 986.046 Mitglieder.

96 2:2 – damals ein riesiger Erfolg gegen die übermächtigen Engländer.

97 Das Spiel gegen die Dänen am 16. Mai 1937 in Breslau, bei dem die deutsche Mannschaft Dänemark mit 8:0 nach Hause schickte.

Lösungen Fußball-Bundesliga

1 Der FC Bayern München

2 Willi Multhaup

3 Das 4-2-4-System

4 Karl-Heinz Körbel, der zwischen 1972 und 1991 602 Spiele für Eintracht Frankfurt machte.

5 Der treue Charlie

6 Otto Dumke von Viktoria 90 Berlin

7 Schalke musste die Glückauf-Kampfbahn an die Stadt Gelsenkirchen verkaufen.

8 35 Jahre

9 Gerd Müller, wer sonst?

10 Auf der Libero-Position

11 Weil der FC Schalke durch einen 2:0-Sieg Borussia Neunkirchen in die Zweite Liga geschossen hatte, er selbst aber das rettende Bundesliga-Ufer erreicht hatte.

12 16 Mannschaften. Erst zwei Jahre später wurde die Zahl auf 18 erhöht.

13 Klaus Fichtel mit 43 Jahren (1988)!

14 1. FC Köln

15 827 Zuschauer (Es war das Spiel zwischen Tasmania Berlin und Borussia Mönchengladbach in der Saison 1965/66)

16 Rot-Weiß Oberhausen. In der Saison 1972/73 sahen durchschnittlich 6090 Zuschauer die Oberhausener Heimspiele.

17 Roger van Gool; er wechselte 1976 vom FC Brügge zum 1. FC Köln.

18 Uwe Reinders (Hansa Rostock)

19 Sie wurde natürlich gelb gefärbt!

20 Für den 1. FC Nürnberg

21 Salatschüssel

22 Insgesamt fünfmal: 1978 (1. FC Köln und Mönchengladbach), 1983 (HSV und Werder Bremen), 1984 (VfB Stuttgart und HSV), 1986 (Bayern München und Werder Bremen), 1992 (VfB Stuttgart und Borussia Dortmund). Erstgenannte = Meister

23 1991/92.

24 Drei: Den Betzenberg in Kaiserslautern, den Bökelberg in Mönchengladbach und die Bielefelder Alm!

25 Schalke 04 (mit einem 2:0-Sieg im Olympia-Stadion)

26 Acht

27 Franz Wohlfahrt (Stuttgart), Toni Polster (Köln), Andreas Herzog und Heimo Pfeifenbeger (Bremen), Markus Schopp (Hamburg), Wolfgang Feiersinger (Dortmund), Stefan Marasek (Freiburg) und Harald Cerny (1860 München)

28 Bayern München

29 Tasmania 1900 Berlin

30 Er ist Österreicher und spielte 22-mal im Austria-Team

31 Willi Neuberger (Eintracht Frankfurt)

32 Borussia Dortmund

33 Michael Lameck (518 Spiele für den VfL Bochum)

34 Lothar Kobluhn (Rot-Weiß Oberhausen). Seine 24 Tore der Saison 1970/71 wurden nicht anerkannt, da sein Verein in den Bundesliga-Bestechungsskandal verwickelt war.

35 Den FC Bayern München

36 Rinus Michels

37 Günther Brocker von RW Oberhausen und Egon Piecharczek von Arminia Bielefeld

38 Klaus Fischer und Rolf Rüssmann

39 Borussia Mönchengladbach mit einen 4:1-Sieg in Frankfurt

40 Borussia Neunkirchen und Hannover 96

41 Drei: Srdjan und Zvezdan Cebinac, Helmut und Erwin Kremers, Ernst und Heinz Traser

42 Bayern München (1986/87)

43 Dieter Müller

44 Franz Beckenbauer

45 Schalke 04 (1981, 1983 und 1988)

46 Arminia Bielefeld, 1. FC Nürnberg und SV Darmstadt 98

47 Georg Knöpfle

48 Am ersten Spieltag der Saison 1967/68 in der Schalker Glückauf-Kampfbahn

49 Hertha BSC und 1. FC Kaiserslautern

50 Flemming Povlsen, Stéphane Chapuisat und Karlheinz Riedle

51 Herbert Widmeyer, der beim 1. FC Nürnberg am 30. 10. 1963 entlassen wurde

52 Der FC Homburg. Nach Meinung des DFB verstieß die Werbung für „London"-Kondome gegen Moral und Ehre.

53 Jürgen „Kobra" Wegmann, mit seinem Tor gegen Fortuna Köln in letzter Sekunde

54 Helmut Roleder vom VfB Stuttgart (1982/83)

55 Karl-Heinz Rummenigge (1980, 1981 und 1984)

56 „Gleiche Höhe" ist kein Abseits mehr.

57 Hans Tilkowski, Borussia Dortmund (1965)

58 Eintracht Braunschweig mit „Jägermeister"

59 1973

60 Horst-Gregorio Canellas, damals Präsident des Bundesliga-Absteigers Kickers Offenbach

61 Gerd Roggensack

62 1974 (TuS Wörrstadt)

63 Borussia Dortmund

64 Zur Weltmeisterschaft 1974 in Deutschland

65 Der Holländer Aad de Mos

66 14 Jahre

67 Der 1. FC Nürnberg

68 „Napoleon“

69 Borussia Mönchengladbach (1971)

70 Aus Thailand

71 Borussia Mönchengladbach

72 In der Saison 1969/70 mit der Verpflichtung des Dänen Ulrik Le Fevre

73 Giovane Elber (Bayern München). Im Heimspiel gegen den HSV traf er am 31. Januar 1998 bereits nach 11 Sekunden!

74 SSG Bergisch-Gladbach

75 Der FC St. Pauli

76 Karlsruher SC, Kickers Offenbach und Hannover 96

77 Für den 1. FC Köln, aber nur in der Amateurmannschaft

78 Sie waren auf einem Auge blind.

79 Brunnenmeier verbrachte einige Wochen in der Vollzugsanstalt Fürstenfeldbruck, weil er eine Wirtshausschlägerei angezettelt hatte und Konietzka musste wegen einer Schlägerei beim Spiel gegen seinen Ex-Klub Dortmund 19 Spiele aussetzen.

80 Michael Schulz

81 Karl-Heinz Körbel

82 Ja

83 Der 1. FC Nürnberg (1968 Meister, 1969 Absteiger)

84 1969/70

85 Eintracht Frankfurt (1965–76)

86 Beim 1. FC Nürnberg

87 Horst Köppel

88 Die Kölner Radrennbahn

89 Tasmania 1900 Berlin und Blau-Weiß 90 Berlin

90 Ein paar mehr, nämlich genau 33 Tore

91 Bochum (VfL und Wattenscheid), Hamburg (St. Pauli und HSV), Stuttgart (VfB und Kickers), Berlin (Hertha und Tennis-Borussia), Köln (Fortuna und 1. FC), München (Bayern und 1860)

92 Erwin Kremers

93 14 Tore

94 108 Tore

95 Zweimal

96 Elf Punkte

97 1986

98 Klaus Fichtel (Schalke 04)

99 Kurt Niedermayer

100 1860 München wurde deutscher Fußballmeister, der FC Bayern gewann den DFB-Pokal.

101 Zum FC Barcelona

Lösungen: Fan-Test

TSV 1860 München

1 Im Jahr 1902 (Am 27. Juli verloren die Sechziger mit 2:4 gegen den 1. Münchner Fußball-Club.)

2 Noch im gleichen Jahr: Am 21. September 1902 (Der FC Bayern gewann mit 3:0.)

3 Zweimal (1942 und 1964)

4 Damit er nicht mit dem Löwen der „Löwenbräu"-Brauerei verwechselt werden kann.

5 Zweimal (nämlich in den Pokalsiegerjahren 1942 und 1964). Verloren wurde bisher noch kein Finale.

6 1911 wurde der Löwe in das Vereinswappen aufgenommen und das Grundstück an der Grünwalder Straße (zunächst) gepachtet.

7 Eine positive! 20 Siege, 4 Unentschieden und 7 Niederlagen

8 Nein, nicht der Ehemann von Else Kling aus der Lindenstraße (das war der Egon): Eugen Kling war der erste Nationalspieler aus den Reihen von München 1860, der 19 Jahre nach dem ersten Länderspiel einer deutschen Auswahl zum Einsatz kam. Seine Karriere im Nationalteam war jedoch äußerst kurz, denn sein erstes Länderspiel am 2. Oktober 1927 gegen Dänemark (3 : 1 für Dänemark in Kopenhagen) war gleichzeitig sein letztes.

9 Elf (Rudolf Brunnenmeier, Fritz Eiberle, Peter Grosser, Alfred Heiß, Josef Hornauer, Ferdinand Keller, Eugen Kling, Engelbert Kraus, Hans Küppers, Ludwig Lachner und Jens Jeremies)

10 Vor dem Endspiel um die deutsche Meisterschaft 1931 gegen Hertha BSC Berlin (3 : 2 für Berlin). Vor lauter Verärgerung fuhr er sogar nicht mit der Mannschaft zum Finale nach Köln.

11 Adalbert Wetzel, der 17 Jahre lang (1952 bis 1968) die Geschicke des Vereins lenkte

12 Peter Grosser, der legendäre Mittelfeldregisseur der Meisterelf von 1966.

13 Er musste arbeitslos oder Student sein.

14 ... Abedi Pelé!

15 Er war einige Jahre Stadionsprecher.

16 37 Tore

17 Von Max Breunig, der die Löwen 1931 ins Endspiel um die deutsche Meisterschaft brachte. Obwohl er im Monat 1000 Mark verdiente, soll er unglaublich geizig gewesen sein.

18 Aus Haiti (Er nahm mit seinem Land an der WM 74 teil und konnte überzeugen.)

19 Bei Borussia Fulda

20 Über sein genaues Alter. Die Angaben schwankten zwischen 30 und 32 Jahren!

21 Das Löwen-Denkmal Alois Pledl, Mitglied der Finalelf von 1931. Dass ihm ein Arm fehlte, hinderte ihn zwar nicht am Fußballspielen, wohl aber an einem Einsatz in der Nationalmannschaft. Die Nazis wollten nämlich keine „Krüppel" in ihrem Team.

22 „Atom-Otto"

23 Ernst Happel und Branco Zebec
24 Der Endspiel-Gegner Hertha BSC Berlin
25 Rainer Berg
26 Vom Finale um den DFB-Pokal 1942 (Die Sechziger siegten 2:0)

1. FC Kaiserslautern

1 Im Jahr 1900 (2. Juli)
2 Werner Liebrich
3 Ja, das Finale war eines seiner 16 Länderspiele.
4 Vom Schweizer Klub FC Aarau
5 Hans-Peter Briegel
6 Klaus Toppmöller (108 Tore)
7 Dem Verein. Es ist das einzige vereinseigene Stadion in der Bundesliga!
8 Sieben: Die drei Tschechen Petr Kouba, Miroslav Kadlec und Pavel Kuka, der Däne Michael Schjönberg, der Bulgare Marian Hristov, der Nigerianer Pascal Ojigwe und der Brasilianer Ratinho
9 Stefan Effenberg
10 Bayern München
11 Gerald Ehrmann
12 Andreas Brehme
13 Im Trikot der Nationalmannschaft natürlich (WM-Finale 1990)
14 Für „Crunchips"-Kartoffelchips
15 Zweimal (1990 und 1996)
16 Stefan Kuntz
17 18 Tore
18 Er hatte sich im Spiel gegen den VfB Stuttgart den Ball vor einem Torschuss mit der Hand vorgelegt und dem Schiedsrichter anschließend die Tat verschwiegen. Sforza wurde später freigesprochen.

19 Ungarn (Das Spiel in Budapest endete 0:0)

20 Natürlich: Zwischenzeitlich kickte Kuntz am Bosporus bei Besiktas Istanbul

1. FC Köln

1 Dem Kölner BC und Sülz 07

2 Nach dem Zweiten Weltkrieg (am 13. Februar 1948)

3 Richard Rogler

4 Anton Regh, der als Verteidiger ins Tor musste, weil sich Kölns Torhüter verletzt hatte und noch nicht ausgewechselt werden durfte.

5 1994/95

6 1978

7 „Anpfiff"

8 Ja

9 Wolfgang Overath

10 Harald Schumacher (422 Spiele); Wolfgang Overath brachte es auf 409 Spiele.

11 Beim Spiel gegen Frankfurt drei Wochen vorher hatte ein Jugendlicher den Schiedsrichter mit einer Fahnenstange geschlagen.

12 Der Augsburger Bernd Schuster, der von 1978 bis 1980 beim 1. FC Köln spielte.

13 1992 (Köln wurde 4.)

14 1984

15 Karsten Baumann (kam 1988 vom VfB Oldenburg) und Marco Weller (aus der eigenen Jugend)

16 Aus Guinea

17 Anthony („Tony") Woodcock

18 Dreimal (1982, 1986 und 1990)

19 Zweimal (1984 und 1986)

20 Toni Golster

Arminia Bielefeld

1 Bielefelder Alm
2 In der Amateuroberliga
3 Ewald Lienen saß nur als Spieler auf der Arminia-Bank.
4 Mit 0:0 Toren und 0:0 Punkten! Wegen des Bestechungsskandals wurden die Spiele nur für die Gegner, aber nicht für die Arminia gewertet.
5 Schwarz, Weiß, Blau
6 Nur ein einziges Jahr: Arminia Bielefeld schaffte den direkten Durchmarsch von der Regionalliga ins Oberhaus.
7 Beim TSV München 1860
8 Frank Pagelsdorf (28 Tore)
9 Durch das „sensationelle" 1:0 am letzten Spieltag gegen den Tabellendritten Hertha BSC Berlin, das wie viele andere Partien in dieser Spielzeit, im Zuge des Bundesliga-Bestechungsskandals, verschoben (aber gewertet) wurde.
10 Die Spiele gegen Schalke, Hertha BSC und Stuttgart
11 Die Arminia wurde zunächst mit dem Abstieg in die Amateurliga bestraft, dann mit einer Rückstufung in die Regionalliga sowie einem Punktabzug von zehn Punkten begnadigt. Die laufende Bundesliga-Saison 1971/72 durfte sie noch zu Ende spielen, jedoch ohne Punkte zu bekommen.
12 Sie stiegen erstmals seit sieben Jahren alle wieder postwendend ab.
13 Auf Platz zehn
14 Ein 4:0 gegen den FC Bayern im Münchner Olympiastadion
15 Sechs Jahre (von 1988 bis 1994)
16 Platz fünf!
17 SC Freiburg, Borussia Mönchengladbach, Bayern München, Karlsruher SC, Nordwest Karlsruhe
18 Eintracht Braunschweig (1972) mit 1:7
19 Gegen Fortuna Köln (2:4), Bayer Leverkusen (1:3) und den 1. FC Bocholt (2:3)
20 Der Zweitliga-Neuling 1. FC Bocholt wurde 18. und stieg umgehend wieder ab.

Bayer 04 Leverkusen

1 Der frühere Aufsichtsratsvorsitzende der Bayer AG

2 Dietmar Demuth (1979) – es war ein Foulelfmeter.

3 Der Sieg im UEFA-Cup 1988

4 Arne-Larsen Ökland

5 Sieben Jahre älter

6 Seit 1979

7 Rudi Völlers erster Treffer für das Bayer-Team nach seiner Rückkehr von Olympique Marseille und das „ARD"-Tor des Jahres von Bernd Schuster, bei dem er den Ball aus 45 Metern über den verdutzten Uli Stein hob.

8 Rudi Völler

9 Ronaldo

10 Bernd Schuster

11 Dynamo Dresden

12 49 A-Länderspiele

13 Talcid

14 Mit der damaligen zweiten Bayer-Werkself aus Uerdingen

15 Leverkusen kassierte in der gesamten Spielzeit nur drei Niederlagen!

16 Heiko Herrlich und der Brasilianer Jorghino.

17 Platz zehn

18 Erich Ribbeck

19 Drei (Robert und Nico Kovac sowie Boris Zivkovic)

20 Von Besiktas

21 Von der Einführung der Relegationsspiele: Bayer wurde Drittletzter und durfte gegen den Drittplatzierten der Zweiten Liga um den Klassenerhalt spielen. Bayer setzte sich dabei souverän gegen Kickers Offenbach durch.

Borussia Dortmund

1 Im Wirtshaus „Zum Wildschütz"

2 1909 (9. Dezember)

3 Fleming Povlsen

4 Aus Ibrahim Tanko (17 Jahre) und Lars Ricken (18 Jahre), die 1994/95 die etatmäßigen (aber verletzten) Stürmer Povlsen, Chapuisat und Riedle vertreten mussten

5 SC Zug, FC Aarau, Grasshoppers Zürich

6 1966

7 Im Pokalfinale 1989 gegen Werder Bremen

8 Das Viertelfinalrückspiel im UEFA-Pokal 1993/94 gegen Inter Mailand (2 : 1-Sieg im Meazza-Stadion)

9 An der Strobelallee

10 Für Bayer Uerdingen (bis 1991)

11 Zweimal (1965 und 1989)

12 Wolfgang Paul

13 Uli Maslo

14 Abwehrspieler Julio Cesar

15 Andreas Möller

16 Jürgen Kohler

17 Stefan Klos und Lars Ricken

18 FC Barcelona

19 Stéphane Chapuisat, Fleming Povlsen und Karlheinz Riedle

20 Michael „Susi" Zorc ist der Rekord-Bundesligaspieler der Borussia und erhielt den Spitznamen wegen seiner früher langen Haarpracht.

Borussia Mönchengladbach

1 Berti Vogts (419 Spiele)

2 Fünfmal (1970,1971 und 1975 bis 1977)

3 Peter Wynhoff

4 In Berlin

5 Seit den sechziger Jahren, da sie das niedrigste Durchschnittsalter in der Bundesliga hatten.

6 Für Hannover 96 (von 1967 bis 1970)

7 Borussen-Coach Fritz Langner, Vorgänger von Hennes Weisweiler

8 Tasmania Berlin. Das Spiel am 15. Januar 1966 sahen ganze 827 Zuschauer. Kein Wunder: Mönchengladbach lag auf einem uninteressanten 10. Platz, Tasmania Berlin weit abgeschlagen am Tabellenende.

9 Wolf Werner

10 Der berühmte Borussen-Fan, der mit seiner Pauke auf dem Bökelberg für Stimmung sorgt.

11 Erik Thorstved

12 Günter Netzer (Am 9. Oktober 1965 beim 4:1 gegen Österreich)

13 Roberto Boninsegna

14 Er brach dem Mönchengladbacher Luggi Müller durch Foulspiel ein Bein.

15 „Otto – Der Film". Sein Engagement verdankte er seiner Ähnlichkeit mit dem Komiker Otto Waalkes.

16 Fünfmal

17 Günter Netzer

18 Einen Tag vor dem Pokalfinale im Juni 1973 über Günter Netzer. Netzer wechselte sich dann aber ja bekanntlich selbst ein – und schoss das Siegtor!

19 Heinz Ditgens, der zwischen 1936 und 1938 drei Spiele für die Nationalmannschaft absolvierte

20 19 Jahre. Er spielte erstmals 1980 beim EM-Spiel gegen Holland.

21 Herbert „Hacki" Wimmer

FC Bayern München

1 14-mal
2 Bei Arminia Bielefeld
3 Platz 10 in der Saison 1991/92
4 „Magirus Deutz"
5 1965
6 Franz Beckenbauer, Gerd Müller und Sepp Maier
7 Jean-Marie Pfaff
8 Von Rapid Wien
9 Lothar Matthäus (17 Tore) und Jürgen Wegmann (13 Tore)
10 Einen türkischen Vater
11 Sepp Maier (473 Spiele)
12 Für keinen!
13 Sechs
14 Drei
15 Jupp Heynckes, Sören Lerby und Erich Ribbeck
16 Tschik Cajkovski
17 In einer Nervenklinik im bayrischen Haar.
18 Jean Marie Pfaff. Er berührte einen weiten Einwurf von Uwe Reinders (Saison 1982/83) gerade noch mit der Hand, sodass der Treffer gegeben wurde.
19 Er hatte einen Autounfall.
20 Gerd Müller (allerdings verwandelte er auch 51!)
21 Der damalige Bayern-Manager Robert Schwan.
22 Branko Zebec

FC Schalke 04

1 „Sportclub Westfalia Schalke"

2 Der Gelsenkirchener Stadtteil Schalke ist eine alte Bergarbeitersiedlung. Knappen wurden früher die Mitglieder der Zunft der Bergleute genannt.

3 Manager und Trainer

4 Auf 97 Kilo

5 Martin Max

6 Er gewann als erster deutscher Verein das „Double", Meistergewinn und Pokalsieg.

7 Torwart Jens Lehmann (seit 1987)

8 Rüdiger Abramczik

9 1997

10 „Gorbi"

11 Drei (1990/91 wurde der FC Schalke Zweitligameister und stieg wieder auf)

12 Werner Hansch

13 Acht – allerdings mit Olaf Thon nur ein deutscher. De Kock, Eijkelkamp und Mulder spielten für Holland, Goossens und Wilmots für Belgien sowie Nemec und Latal für Tschechien.

14 Jörg Berger

15 Helmut Schulte

16 Günter Eichberg, unter dem Schalke einen Schuldenberg von 18 Millionen Mark aufschüttete

17 Wenn im Ruhrpottderby der Erzfeind Borussia Dortmund geschlagen wird

18 Nach dieser Saison wurde die Bundesliga auf 18 Mannschaften aufgestockt; es gab keine Absteiger!

19 Der FC Bayern München

20 Klaus Fischer

21 Fischer, Fichtel, Rüssmann und Lütkebohmert

Hamburger SV

1 Der Hamburger SC 88, Falke 06 und Germania 1887

2 Ernst Happel

3 20 Titel, absoluter Weltrekord!

4 Bosnien-Herzegowina

5 Drei – Uwe, Dieter und Erwin.

6 1,94 Meter

7 Ditmar Jakobs

8 Manfred Kaltz (53 hat er für die Hanseaten verwandelt, sieben verschossen)

9 Mark McGhee, er kam vom FC Aberdeen

10 Caspar Memering

11 Manfred Kaltz mit seiner berühmt-berüchtigten Bananenflanke

12 Georg Volkert

13 Horst Hrubesch

14 Holger Hieronymus

15 Weil er dann 100 Tore für die Hamburger erzielt hätte – so waren's nur 99!

16 „Hamburger-Schrott-Verein"

17 Schweinchen-Rosa!

18 Kein Hamburger tauchte unter den Ersten der Torschützenliste auf.

19 Kevin Keegan

20 Mighty Mouse"

21 „Riegel-Rudi"

FC Hansa Rostock

1 Am 28. Dezember 1965

2 Wolfgang Wruck (acht Treffer)

3 Von Waldhof Mannheim

4 Unter Frank Pagelsdorf (1996)

5 Gerhard Kostmann (15 Tore)

6 René Schneider, für den Borussia Dortmund 1996 vier Millionen Mark Ablösesumme bezahlte

7 Als 18.!

8 Torwart Perry Bräutigam

9 Joachim Streich

10 Bei SV Waldhof-Mannheim, 1. FC Saarbrücken, Carl Zeiss Jena und Stuttgarter Kickers

11 Der hochgestellte Kragen

12 Matthias Breitkreuz (der vorher bei Arminia Bielefeld zum Einsatz kam)

13 16 Spieler

14 Drei Spieler – der Rest besteht aus Fußball-Legionären.

15 Sie erlebten einen Frühjahrseinbruch. Hansa holte nach der Winterpause immer sehr wenige Punkte.

16 Aus Nigeria

17 Im Ostseestadion

18 Seit 1977

19 CD Teneriffa (Dort war er Assistenztrainer von Jupp Heynckes)

20 Dynamo Dresden

Hertha BSC Berlin

1 Zweimal (1930 und 1931)

2 Hertha 92 Berlin

3 Sechs Jahre (1991 bis 1997)

4 Er ist Norweger

5 Der Holländer Bryan Roy

6 Hertha hatte gegen DFB-Statuten verstoßen und überhöhte Gehaltszahlungen geleistet.

7 Für den VfB Stuttgart

8 Als den Berlinern nach der Saison 1964/65 wegen finanzieller Unregelmäßigkeiten die Bundesligalizenz entzogen wurde, konnte man sich nicht einigen, welcher der beiden Absteiger als Ersatz für die Berliner in der Liga verbleiben durfte. Also ließ der DFB keinen Verein absteigen und holte mit Tasmania Berlin noch einen 18. Verein dazu.

9 Nein, Röber spielte in der Bundesliga für Werder Bremen, Bayern München und Bayer Leverkusen.

10 Farben und Name sollen von einem Havel-Dampfer der damaligen Zeit stammen.

11 „Tante Hertha"

12 Nottingham Forest

13 Tennis Borussia – Hertha BSC 2:0; Hertha BSC – Tennis Borussia: 2:0

14 Michael Sziedat (280 Spiele)

15 Fortuna Düsseldorf (die Rheinländer siegten mit 1:0)

16 „Plumpe"

17 Drei Tore mehr und Uerdingen wäre abgestiegen!

18 Kuno Klötzer

19 Fiffi Kronsbein

Karlsruher SC

1 FC Phönix Karlsruhe

2 Der FC Phönix Karlsruhe hatte eine hervorragende Mannschaft, aber kein Stadion. Mühlburg besaß ein ausbaufähiges Stadiongelände – hatte aber eine miserable Mannschaft. So tat man sich denn zusammen!

3 Die Vereinsmitglieder hatten freien Eintritt im KSC-Stadion!

4 Slaven Bilic

5 Der Ungar Pal Csernai

6 Wildparkstadion

7 Ja

8 Thomas Häßler, der 6,1 Millionen Mark kostete

9 1968

10 Ja, allerdings noch als Phönix Kalrsruhe (1909)

11 12 Jahre!

12 Nein, keinen einzigen!

13 1,66 Meter

14 Ein Spieler (Raphael Krauss)

15 Stuttgarter Kickers

16 In Berlin

17 Gunther Metz

18 Frankreich

19 Edgar Schmitt, der 1993 im Rückspiel der zweiten UEFA-Pokal-Runde gegen den FC Valencia vier Tore zum fulminanten 7:0-Sieg beisteuerte.

20 Ins Lohrheidestadion musste der KSC am letzten Spieltag der Saison 1993/94 reisen. Der KSC stand zu diesem Zeitpunkt auf Platz drei, Wattenscheid als Absteiger bereits fest. Der KSC verlor mit 1:5, rutschte auf Platz sechs und war raus aus dem internationalen Geschäft.

21 Vier (Oliver Kahn, Thorsten Fink, Mehmet Scholl und Michael Tarnat)

22 1994

MSV Duisburg

1 Meidericher Sportverein

2 Die Zebras

3 Wedaustadion

4 1964

5 Rudi Gutendorf

6 Helmut Rahn

7 Neun Jahre lang!

8 Kurt Jara

9 Willibert Kremer

10 Bernard Dietz

11 Die Spieler des Duisburger Sportvereins, des früheren Vorzeigeklubs an der Wedau. Der als „Lackschuh"-Klub verschriene DSV stellte zu Beginn des Jahrhunderts den MSV in den Schatten und erreichte 1913 als erster westdeutscher Vertreter das Endspiel um die deutsche Meisterschaft.

12 Hamborn 07

13 Die Stadt Dusiburg vergütete die Namensänderung mit einigen tausend Mark!

14 Friedhelm Wenzlaff

15 Zweimal (1975 und 1978)

16 Im Halbfinale

17 Acht (unter anderem Bernard Dietz, Klaus Wunder und Werner Krämer)

18 Dreimal

19 Bachirou

20 Diadora

SV Werder Bremen

1 Kurz davor: am 1. Februar 1899

2 „Kuhhirte" war der Name der Kneipe, in der die Gründung stattfand.

3 Matthias Heidemann und Herbert Burdenski

4 Burdenski (444 Spiele) ist der Bremer Rekordspieler, Votava kam immerhin auf 357 Einsätze.

5 Horst-Dieter Höttges (40 verwandelte Strafstöße)

6 Er stammt aus Uppgant-Schott, Ostfriesland.

7 Willi Lemke

8 Helmut Rülander, er durfte in der Saison 1981/82 für zwei Spiele ganze 92 Minuten in den Kasten und kassierte acht Gegentore!

9 „Fischken"

10 1981

11 Rune Bratseth, genannt „Elch"

12 Dieter Burdenski. Sein Vater war Werder-Coach in der Saison 1975/76.

13 Karlheinz Riedle (18 Tore) und Frank Ordenewitz (15 Tore)

14 Der Bielefelder Ewald Lienen gab ihm die Schuld an einem Foul, das der Bremer Norbert Siegmann an ihm begangen hatte. Lienen wurde dabei der Oberschenkel aufgeschlitzt.

15 Eisenfuß

16 Norda (Fischkonserven)

17 Der Neuseeländer Wynton Rufer

18 1980

19 Karlheinz Riedle

20 Drei Jahre

21 1964/65

VfB Stuttgart

1 Viermal (1950, 1952, 1984, 1992)

2 Gerhard Mayer-Vorfelder

3 Im jugoslawischen Maribor

4 Aus Frankreich

5 Das Jahr 1975, in dem der VfB kurzzeitig in die zweite Liga abstieg

6 Jürgen „Wundermann“ Sundermann

7 1984

8 Robert Schlienz; er spielte dreimal in der Nationalmannschaft, nachdem sein Arm nach einem Autounfall amputiert worden war.

9 Seit 1993

10 Jogi

11 Dieter Hoeneß

12 Fredi Bobic

13 Ja, im Jahr 1986. Leider konnte er sich dort nicht durchsetzen und wechselte in die Zweite Liga.

14 Den Kapitän der brasilianischen Weltmeisterelf, Carlos Dunga

15 Fredi Bobic, Krassimir Balakov und Giovane Elber

16 Fredi Bobic

17 96 Tore

18 Jürgen Klinsmann, Guido Buchwald und Karl Allgöwer

19 Thomas Berthold (1986 in Mexiko und 1991 in Wales)

VfL Bochum

1 Eigentlich gar nichts: In diesem Jahr erschien lediglich eine Pressenotiz, die zur eigentlichen Vereinsgründung des Turnvereins 1848 Bochum animierte. Die war aber erst ein Jahr später.

2 1911

3 Erst 1938, als sich der Turnverein unter dem Druck der Nazis mit zwei Turn- und Sportvereinen zu einem Großverein zusammenschließen musste. Der „VfL von 1848 Bochum" war geboren.

4 Das Spiel konnte in der regulären Spielzeit nicht entschieden werden, deshalb musste (zur damaligen Zeit noch üblich) die Münze entscheiden. Die Bochumer sollen noch vor dem Auftreffen der Münze auf dem Boden nach Absprache in tosenden Beifall ausgebrochen sein, um so den Schiedsrichter zu täuschen. Mit Sicherheit weiß man nur: Die Münze entschied für den VfL – denn der stieg (wie auch immer) auf!

5 Das 1911 erbaute Ruhrstadion, allerdings vor seinem Umbau 1979

6 1993

7 Ottokar Wüst

8 1990

9 Jochen Abel. Von 1977 bis 1982 erzielte er in 144 Spielen 60 Tore.

10 Roland Wohlfarth

11 Er ist mit 1,67 Zentimetern genau einen Zentimeter größer als Häßler!

12 Platz fünf

13 Sieben

14 In vier Ländern. Vor Deutschland spielte der Russe bereits in der Ukraine, in Portugal und in Großbritannien.

15 Michael Lameck (518 Spiele)

16 Torwart Thomas Ernst (wegen seiner angeblichen Ähnlichkeit mit der Comic-Figur Gustav Gans!)

VfL Wolfsburg

1 Nach dem Zweiten Weltkrieg (12. 9. 1945)

2 1963

3 VfL-Stadion am Elsternweg

4 Den SV Lurup

5 Vier: Chad Deering und Claudio Reyna (USA), Pavel Novotny (Tschechien) und Sead Kapetanovic (Bosnien-Herzegowina)

6 Der Regionalliga Nord

7 Elf Jahre!

8 Noch nie!

9 Fünf Jahre (von 1992 bis 1997)

10 Der Präsident (Werner Schlimme)!

Lösungen: DDR-Oberliga

1 Horch Zwickau, heute FSV Zwickau

2 Die Dresdner hatten kurz vor Spielbeginn erfahren, dass ihr Verein nach der Saison aufgelöst werden sollte und waren entsprechend motiviert.

3 Helmut Schön, der spätere Bundestrainer

4 1970/71

5 BSG Chemie Leipzig

6 1. FC Union Berlin

7 Der 1. FC Magdeburg (1973/74), FC Carl Zeiss Jena (1980/81) und der 1. FC Lok Leipzig (1986/87)

8 Dynamo Berlin

9 1. FC Kaiserslautern und Eintracht Braunschweig

10 In keinem!

11 Bernd Bauchspieß (Chemie Leipzig)

12 Eberhard Vogel; er kam auf 440 Einsätze für Karl-Marx-Stadt und Jena.

13 Hans Schöne. Er erzielte in der Saison 1950/51 38 Tore für Rotation Babelsberg.

14 Wolf-Rüdiger Netz

15 Eberhard Vogel und Joachim Streich

16 Er erhielt drei Platzverweise (die damals noch keine Sperren nach sich zogen!)

17 Vom Team des FC Carl Zeiss Jena, das 1970 mit sieben Punkten Vorsprung vor dem FC Vorwärts Berlin DDR-Meister wurde.

18 Den „silbernen Fußballschuh"

19 Empor Lauter

20 Da es an der Ostsee keinen Oberligaverein gab, wurde auf Wunsch von FDGB-Chef Harry Tisch der Verein aus Lauter (Erzgebirge) in den Norden versetzt. 1965 wurde aus Empor Rostock dann Hansa.

21 100.000 Zuschauer (Neuer Rekord!)

22 Günter Lammrich

23 BSG Motor Suhl

24 Erstmals seit 1965 sank der Zuschauerschnitt auf unter 10.000 pro Spiel. Außerdem wurden nirgends in Europa so wenig Tore erzielt (2,62 pro Spiel). Ralf Sträßer (1. FC Union Berlin) wurde zum Beispiel Torschützenkönig, weil er 14 Tore in 26 Spielen erzielte.

25 Jürgen Sparwasser, Jürgen Pommerenke, Martin Hoffmann und Manfred Zapf

26 „DS(Deutsche-Sportausschuss)-Liga"

27 Presse, Energiebetriebe, Handel und Versorgung, Bergbau

28 Dynamo Dresden

29 Ex-Nationaltrainer Buschner

30 36 Spiele

31 Der FC Karl-Marx-Stadt

32 Im Otto-Grotewohl-Stadion in Aue

33 Die Nationalsozialisten (von Zuchthäuslern!)

34 Der FC Dynamo Berlin

35 Der Polizei-Verein war der Stasi-Klub, nicht zuletzt, weil Stasi-Chef Mielke beim FC Dynamo das Sagen hatte.

36 „Schiebermeister"

37 Der FC Vorwärts Berlin

38 Croy-Henschel-Dietzsch

39 Peter Ducke, Stürmer von Carl Zeiss Jena

40 Sachsenring Zwickau

41 Keiner!

42 Hans-Florian Oertel

43 Thorsten Gütschow, Ulf Kirsten, Thomas Doll, Andreas Thom und Olaf Marschall

44 Für den FC Magdeburg

45 Dynamo Dresden

46 Im Juli 1963

47 Dynamo Dresden

48 Chemie Leipzig (der Sieger dieser direkten Vergleiche) und Union Berlin

49 Klaus Sammer, Vater vom früheren DFB-Nationallibero Matthias

50 Betriebssportgemeinschaft

Lösungen: DFB-Vereinspokal

1 1935

2 In Berlin

3 Die Zuschauer blieben aus.

4 VfL Bochum

5 Der 1. FC Köln (zehnmal)

6 Um Reinhard und Daniela Stumpf. Beide wurden am 19. Mai 1990 Pokalsieger: Er mit dem 1. FC Kaiserslautern, sie mit dem FSV Frankfurt.

7 Dieter Hoeneß, beim 4:2-Sieg der Bayern über den 1. FC Nürnberg

8 Ja, den Treffer zum 4:2

9 Mit 6:6. Das Wiederholungsspiel gewannen die Bayern mit 3:2.

10 1983. Damals traf der 1. FC Köln auf die Fortuna (Endstand 1:0).

11 Der Bundesinnenminister

12 TSV Vestenbergsgreuth

13 Die Bayern verloren mit 0:1.

14 Nicht die Profis, sondern die Bayern-Amateure schieden erst im Viertelfinale aus.

15 Thomas Allofs

16 Uwe Seeler

17 Ulf Kirsten

18 1978 und 1980

19 Nein, im ersten Spiel siegten die Kölner, im zweiten die Düsseldorfer.

20 Am 9. November 1993 schoss Abwehrspieler Joachim Stadler in der ersten Minute des Pokalspiels gegen den 1. FC Kaiserslautern ein kurioses Eigentor. Stadler hatte zwei Jahre vorher noch für die Pfälzer gekickt und ließ sich 20 Minuten später auswechseln. Besonders bitter: Der 1. FCK siegte am Ende knapp mit 3 : 2!

21 Der 1. FC Köln und Hertha BSC

22 Das Finale 1961. Nur 8.000 Zuschauer sahen den Pokalsieg von Werder Bremen gegen den 1. FC Kaiserslautern in Gelsenkirchen.

23 1997 (Energie Cottbus)

24 Zweimal: 1938 (Rapid Wien) und 1943 (Vienna Wien)

25 6 : 1

26 Bei den Spielen des Polizeisportklubs Chemnitz, der in den ersten drei Jahren am Wettbewerb teilnahm, aber kein Spiel gewinnen konnte.

27 Jupp Derwall

28 Der 1. FC Nürnberg

29 Kahn wurde von einer Kastanie getroffen, die zur Gattung der Buchengewächse gehört und mit zwölf Arten in der gemäßigten Zone auftritt. Obwohl die Edelkastanie (Marone) die bekannteste Art ist, muss davon ausgegangen werden, dass es sich bei dem Wurfgeschoss um eine gewöhnliche Rosskastanie gehandelt hat.

30 Mönchengladbach war auch im Wiederholungsspiel erfolgreich.

31 Der FC Bayern München

32 1953, nach zehn Jahren Pause!

33 Schalke 04 (14mal)

34 In Berlin

35 Das Finale 1989 zwischen Borussia Dortmund und Werder Bremen (4 : 1) im Berliner Olympiastadion vor 76.500 Zuschauern

36 1940 (Dresdner SC gegen 1. FC Nürnberg; Endstand 2 : 1 nach Verlängerung)

37 Hertha hatte im Rückspiel einen gesperrten Spieler eingesetzt. Das Spiel wurde deshalb für Berlin als verloren gewertet.

38 Schalke wurde DFB-Pokalsieger.

39 52 Mannschaften hatten ein Freilos: 11 Bundesligisten, 14 Zweitligisten und 27 Amateurvereine

40 Der Karlsruher SC

41 Die Finalspiele 1959 (ETB Schwarz-Weiß Essen – Borussia Neunkirchen) und 1986 (Bayern München – VfB Stuttgart), die jeweils 5:2 für die erstgenannte Mannschaft endeten.

42 Karl-Heinz Körbel

43 1966 war Beckenbauer noch auf sich allein gestellt.

44 1966 – dafür traf der Kaiser höchstpersönlich.

45 Giovane Elber

46 Lajos Detari

47 Karl-Heinz Feldkamp

48 Schwarz-Weiß Essen mit einem 5:2-Sieg über Borussia Neunkirchen 1959

49 VfL Wolfsburg

50 Der Meidericher SV (1966 Finalist gegen den FC Bayern München). Unter seiner neuen Bezeichnung verlor Duisburg – Meiderich bereits in der zweiten Hauptrunde gegen 1860 München.

51 Dr. Kunter, der Torwart von Eintracht Frankfurt (1974)

52 Ein deutscher Amateurverein hätte Deutschland im Europapokal der Pokalsieger vertreten, da die Essener nach dieser Saison die Lizenz entzogen bekamen und ins Amateurlager zwangsabsteigen mussten.

53 Weil der DFB-Pokal 1971/72 und 1972/73 mit Hin- und Rückspiel ausgetragen wurde. Das Rückspiel auf dem Bökelberg gewann die Borussia dann mit 7:1.

54 Bereits im ersten Pokaljahr 1935: Eintracht Braunschweig durfte zu ihrem Erstrundenmatch gegen Minerva Berlin in die damalige Hauptstadt reisen.

55 13:12 für den SV Sandhausen

56 Hertha BSC Amateure

57 Zweimal: 1977 (1. FC Köln gegen Hertha BSC) und 1979 (Fortuna Düsseldorf gegen Hertha BSC)

58 Ja, 1993 – allerdings nur die Amateure von Hertha BSC

59 Es war Helmut Kremers.

60 Bayern München und Borussia Mönchengladbach (1984). Bayern hatte in diesem Jahr die glücklicheren Strafstoßschützen.

61 Hannover 96 (1992)

62 Der SV Werder Bremen

63 Ja, im dritten Anlauf holten die Bremer den Cup an die Weser.

64 Die Antwort müsste lauten: Unentschieden. Der VfB erzielte 17 Tore, der FC Bayern ebenso. Die Münchner benötigten für diese Tore allerdings sieben statt sechs Spiele, da ihr Achtelfinalspiel gegen Bochum (1 : 1 nach Verlängerung) wiederholt wurde.

65 16 Mannschaften

66 1991/92

67 Es gab drei Qualifikationsrunden Nordost. Die letzten vier Mannschaften durften an der ersten Hauptrunde teilnehmen.

68 Die Gegner traten nicht an.

69 Insgesamt sechsmal: 1940/41 (Dresdner Sport-Club), 1955/56 (Karlsruher Sport-Club), 1966/67 (Bayern München), 1974/75 (Eintracht Frankfurt), 1977/78 (1. FC Köln) und 1979/80 (Fortuna Düsseldorf)

70 Thomas Kastenmaier, Patrik Andersson, Michael Klinkert und Jörg Neun

71 SpVgg Greuther Fürth

72 Der damalige Regionalligist TSV Vestenbergsgreuth, der mit der SpVgg Fürth fusionierte.

73 Ganz und gar nicht: Mönchengladbach wäre bereits nach dem ersten Spiel beim Freiburger FC mit 1 : 3 ausgeschieden (Rückspiel 7 : 1 für Mönchengladbach).

74 Norbert Dickel, der im Finale 1989 zwei Tore schoss und später Sportinvalide wurde.

75 Das 1 : 3 der Stuttgarter war ein Eigentor des Hamburgers Schlotterbeck.

76 Uli Stein, der 1987 mit dem HSV den Pokal gewann und im nächsten Jahr mit Eintracht Frankfurt den Erfolg wiederholte

Lösungen: UEFA-Pokal

1 1955/58 (Der Messe-Pokal wurde zunächst dreijährig ausgespielt)

2 In diesem Wettbewerb sollten ursprünglich die Stadtmannschaften der „klassischen" Messestädte Europas gegeneinander antreten. Doch bereits im ersten Jahr der Austragung vertraten Klubmannschaften ihre Städte. Ab 1963 nahmen nur noch Klubmannschaften teil.

3 Hannover 96

4 Nein, Hannover verlor zweimal deutlich gegen Internazionale Mailand (2:8 / 1:6).

5 1962/63 – Der FC Bayern konnte sich mit 3:0 gegen den FC Basel durchsetzen. Im Viertelfinale gingen die Bayern dann mit 4:1 bei Dinamo Zagreb unter (Rückspiel in München 0:0)

6 England (Leeds United siegte 1968 im Finale gegen Ferencváros Budapest)

7 Seit 1971/72 (ab da hieß er dann auch UEFA-Pokal)

8 Tottenham Hotspurs

9 Italien, Deutschland und England.

10 Die Zahl der reservierten Plätze richtete sich nach dem Abschneiden bei der WM 1970 in Mexiko: Italien wurde Vizeweltmeister und Deutschland Dritter. England scheiterte in der Zwischenrunde zwar knapp an Deutschland, dominierte aber in den zurückliegenden Jahren mit seinen Vereinen den Messe-Pokal.

11 1980 (Eintracht Frankfurt und Borussia Mönchengladbach)

12 Eintracht Frankfurt

13 Fünf: Tottenham Hotspurs–Wolverhampton Wanderers (1972), Frankfurt–Mönchengladbach (1980), Juventus Turin–AC Florenz (1990), Inter Mailand–AS Rom (1991) und AC Parma–Juventus Turin (1995)

14 Jackie Charlton

15 Chelsea London

16 Ferencváros Budapest (1965) und Dinamo Zagreb (1967)

17 Juventus Turin und Leeds United (2:2 und 1:1). Leeds siegte aufgrund der beiden Tore in Turin.

18 Sechsmal: Borussia Mönchengladbach (1975 und 1979), Eintracht Frankfurt (1980), Bayer Leverkusen (1988), Bayern München (1996) und der FC Schalke 04 (1997)

19 FC Barcelona, FC Valencia, Real Madrid

20 Weil ein Mittelfeldspieler der Spurs den Namen „England" trug.

21 Tofik Bachramow war der Linienrichter im WM-Finale 1966, der das dritte Tor der Engländer, das Wembley-Tor, anerkannte.

22 Eintracht Frankfurt (Sie verlor in Liverpool mit 0:2 und erreichte gegen den späteren Cup-Sieger im Waldstadion nur ein torloses Unentschieden)

23 Den 1. FC Köln (Hinspielergebnis 0:0)

24 7:1

25 Jupp Heynckes, genannt „Osram"

26 Kevin Keegan

27 Jupp Heynckes, mit zwölf Treffern

28 Nach der ersten Etappe war bereits Schluss. Eine 1:4-Schlappe beim polnischen Klub Ruch Chorzow und der anschließende 5:4-Revanche-Versuch verdarb die Reiselust.

29 Olympique Marseille

30 Tottenham Hotspurs (Köln verlor beide Spiele)

31 Mit einer 1:2-Niederlage bei Wacker Innsbruck

32 Ja!

33 Auch die überstanden alle.

34 Leider nicht! Fortuna Düsseldorf brach nach zwei Niederlagen gegen den FC Amsterdam aus dieser glorreichen Phalanx aus.

35 Juventus Turin

36 3:1 für Mönchengladbach

37 Nach Düsseldorf (das Spiel fand im Rheinstadion statt)

38 Jupp Heynckes (drei Tore) und Alan Simonsen (zwei Tore)

39 Verluste: Die Borussia zahlte ihren Spielern für den Titelgewinn 200.000 Mark aus, obwohl die Spiele nicht immer gut besucht waren (und die Fernsehrechte brachten damals auch noch keine astronomischen Summen!).

40 Ganz einfach: Drost war der Name des Torschützen.

41 Die Zyprioten verkauften ihr Heimrecht. Das Rückspiel fand daher in Oberhausen statt.

42 Nein! Bei den erzielten Ergebnissen (1 : 1 in Hamburg, 0:1 in Brügge) hätte der HSV höchstens eine Verlängerung in Brügge erwirkt.

43 Magdeburg gewann nicht nur mit 4 : 2 vor eigener (bescheidener) Kulisse, sondern entführte auch noch beide Punkte aus Schalke: 3 : 1 für Magdeburg zeigte die (noch nicht digitale) Anzeigetafel am Ende an.

44 Grashoppers Zürich

45 Wolfgang Kneib

46 Die Viertelfinal-Begegnung Hertha BSC (die Berliner kämpften in dieser Saison permanent gegen den Bundesliga-Abstieg) gegen Dukla Prag (das fast nur aus tschechoslowakischen Nationalspielern bestand). Die Hertha gewann völlig überraschend das Rückspiel in Prag mit 2 : 1 (Hinspiel: 1:1)

47 Drei: Außer Mönchengladbach noch der MSV Duisburg und Hertha BSC

48 Ewald Lienen

49 Natürlich! Diesmal war der MSV Duisburg im Halbfinale an der Reihe.

50 VfB Stuttgart, Borussia Mönchengladbach, Bayern München und Eintracht Frankfurt

51 Hansi Müller

52 Kaiserslautern wurde im Viertelfinale vom Liga-Konkurrenten Bayern München ausgeschaltet (1 : 0 und 1 : 4)

53 Fred Schaub

54 19 Jahre

55 Jupp Heynckes

56 Den FC Barcelona. Niemand hätte nach der 0 : 1-Hinspiel-Pleite noch einen Pfifferling auf die Kölner gesetzt.

57 Rinus Michels

58 Michel Platini

59 Wegen Stadionumbauten in Utrecht fand das Rückspiel im benachbarten Arnheim statt, wo fanatische Utrecht-Fans versuchten, die Gitter hinter der Trainerbank einzureißen und HSV-Coach Ernst Happel und seinem Assistenten Aleksandar Ristic an den Kragen wollten. Happel und Ristic blieben zwar unverletzt, bekamen aber von einem Getränkehändler eine Palette Bier über den Kopf geschüttet.

60 Der Hamburger SV

61 Franz Beckenbauer, der nach den Viertelfinalbegegnungen des HSV endgültig seinen Rücktritt vom aktiven Fußball erklärte

62 Gegen die Mannschaft von IFK Göteborg

63 Ronnie Hellström

64 Das Flutlicht gab seinen Geist auf.

65 Vor dem Spiel der Pfälzer gegen die Neapolitaner explodierte eine Bombe vor der Villa des SSC-Präsidenten Ferlaino. Außerdem flog ein Kassenhäuschen in die Luft.

66 Der Argentinier Ardiles

67 Videoton Szekesfehervar (Ungarn)

68 Acht Jahre

69 4:0 für Real Madrid (Santillana erzielte das Tor zum 4:0 70 Sekunden vor Schluss)

70 Der 1. FC Köln

71 Im Berliner Olympiastadion. Die UEFA belegte den 1. FC Köln wegen Ausschreitungen seiner Fans im belgischen Waregem mit einer Platzsperre.

72 Uwe Bein und Pierre Littbarski

73 In der Spielzeit 1990/91: In der ersten Runde traf Borussia Dortmund auf den Chemnitzer FC (beide Spiele gewann Dortmund mit 2:0)

74 Leverkusen siegte sensationell mit 1:0

75 Er verschoss einen Elfer!

76 Español Barcelona

77 Ralf Falkenmayer

78 Español-Spieler Losado schoss über das Tor!

79 Dynamo Dresden

80 Der VfB Stuttgart

81 Diego Maradona

82 Michael Frontzeck

83 Der Holländer Arie Haan

84 Der FC Karl-Marx-Stadt (Achtelfinale), der ein Jahr später als Chemnitzer FC bereits in der ersten Runde scheiterte.

85 Ja – Juventus gewann in Turin mit 2:0, unterlag im Hamburger Volksparkstadion zwei Wochen später aber nur mit 1:2.

86 Den 1. FC Köln und Werder Bremen

87 Eintracht Frankfurt

88 Bayer Leverkusen

89 Andreas Brehme, Lothar Matthäus und Jürgen Klinsmann

90 Ja, Lothar Matthäus erzielte im Hinspiel das 1:0.

91 Ruggiero Rizzitelli

92 Julio Cesar und Andreas Möller

93 Jürgen Kohler

94 Dino (3) und Roberto (2) Baggio, die alle fünf Finaltore für Turin erzielten

95 Den FC Bayern München

96 FC Valencia

97 Edgar Schmitt

98 Er überlebte einen schweren Autounfall nahezu unverletzt!

Lösungen: Europapokal der Pokalsieger

1 1960/61

2 Die Vereinspräsidenten der nationalen Pokalsiegermannschaften, die es tierisch fuchste, dass nur die Landesmeister zu Ruhm und Ehren (und vor allem zu Geld!) kamen!

3 Die 14 Mannschaften waren die einzigen, die sich für diesen neuen Pokal interessierten.

4 Aus England (7 Siege)

5 Keins. Er verlor im Viertelfinale gegen die Glasgow Rangers mit 0:3 und 0:8.

6 Kurt „Kurre“ Hamrin

7 Borussia Dortmund 1966 (mit 1:0 gegen den FC Liverpool)

8 Der Pokalsieger aus Spanien

9 Der spanische Pokalsieger nahm am ersten Wettbewerb 1960/61 noch nicht teil.

10 Tottenham Hotspurs

11 Jimmy Greaves

12 Der 1. FC Nürnberg (1962/63)

13 Keine!

14 Viermal (1979, 1982, 1989 und 1997)

15 1. FC Magdeburg mit einem 2:0-Sieg über den AC Mailand

16 Werder Bremen (1992)

17 RSC Anderlecht

18 Peter Nogly

19 Felix Magath und Georg Volkert

20 Petar Radenkovic

21 Es fand auf dem „heiligen Rasen" von Wembey statt.

22 1860 München (1965), Borussia Dortmund (1966), Bayern München (1967) und der Hamburger SV (1968)

23 Ja, im Achtelfinale ging das Rückspiel beim Armeeklub Sofia mit 2:4 verloren.

24 Sigi Held und „Emma" Emmerich

25 „Stan" Libudas Flanke

26 Rudi Assauer

27 Der FC Aberdeen

28 Nur eines

29 Im Nürnberger Frankenstadion

30 Franz „Bulle" Roth

31 22 Jahre

32 Dynamo Kiew

33 Der AC Mailand, der im Halbfinale Titelverteidiger Bayern München ausschaltete.

34 Kurt Hamrin

35 Blumenvase

36 2:2

37 Gornik Zabrze

38 Den AS Rom, allerdings per Losentscheid (drei Spiele endeten zuvor unentschieden)

39 Kickers Offenbach

40 Den FC Brügge

41 Bis ins Viertelfinale

42 Der FC Chelsea London

43 Gegen das tschechische (Skoda) Pilsen (1:0 und 6:1)

44 Bayern München (verlor gegen die Glasgow Rangers) und Dynamo Ost-Berlin (unterlag Dynamo Moskau)

45 Weil die schottischen „Anhänger" gerade das Stadion auseinander nahmen. 97 Zuschauer und acht Polizisten mussten nach den Randalen ins Krankenhaus eingeliefert werden. Es entstand ein Sachschaden von 150.000 Mark.

46 Sie wurden wegen der Ausschreitungen beim Finale in Barcelona für ein Jahr gesperrt.

47 Vom AC Mailand, der den Siegeszug der Mönchengladbacher stoppte.

48 Der AC Mailand war vom griechischen Schiri Michas das gesamte Endspiel über auf peinlichste Art und Weise bevorteilt worden. Außerdem war es nach Meinung der Kritiker das spielerisch und fußballerisch schlechteste Europapokalfinale, das es je gab.

49 Nur 5.000 Zuschauer. Die Frage hätte allerdings lauten müssen: „Wie viele Zuschauer durften das Spiel sehen?", denn die DDR-Bürger hatten ja so ihre Schwierigkeiten, was das Ausreisen betraf...

50 Die Niederlande mit dem PSV Eindhoven

51 In der zweiten: Das erste Mal erreichte sie das Achtelfinale, das zweite Mal kam erst im Halbfinale das Aus.

52 Felix Magath und Willi Reimann

53 Felix Magath (das andere erzielte Georg Volkert)

54 Rudi Kargus

55 Kuno Klötzer

56 Rob Rensenbrink

57 Der 1. FC Köln (er schied bereits in der ersten Runde gegen den FC Porto aus). Der HSV folgte seinem Vorbild eine Runde später gegen den RSC Anderlecht, der sich für seine Finalspielniederlage im Jahr vorher revanchierte.

58 Thomas Allofs

59 Hans Krankl

60 Einen schweren Autounfall, bei dem Krankls Frau lebensgefährliche Verletzungen erlitt.

61 Wolfgang Seel

62 Glasgow Rangers

63 Rainer Bonhof und Mario Kempes (Argentinien)

64 Keine Angst, Bonhof verwandelte! Es war der andere.

65 Alfredo di Stéfano

66 Er wurde entlassen!

67 Den 2:1-Sieg von Dynamo Tiflis gegen den FC Carl Zeiss Jena

68 Walter Eschweiler

69 Nein, das Spiel wurde nach der regulären Spielzeit beim Stande von 2:1 für Barcelona beendet.

70 Trainer-Denkmal Udo Lattek saß auf der Bank des FC Barcelona. (Nein, Bernd Schuster können wir nicht gelten lassen, der fehlte wegen einer Knieverletzung!)

71 Zum zweiten Mal (1972 schafften dies schon einmal die Glasgow Rangers)

72 Gordon Strachan, der zu Manchester United wechselte

73 Es gelang den Münchnern im Olympiastadion nicht, im Rückspiel der ersten Runde gegen Torpedo Moskau ein Tor zu erzielen (den Moskauern aber glücklicherweise ebenso wenig).

74 Michel Platini

75 Ja, ja, okay, war nur ein Spaß!!

76 Der FC Liverpool

77 Atletico Madrid

78 Dynamo Dresden (die das Hinspiel 2:0 gewonnen hatten)

79 „Dixie" Dörner

80 Torpedo Moskau (Moskau hatte bereits das Hinspiel mit 2:0 für sich entschieden)

81 Marco van Basten

82 Johan Cruyff

83 Ein Gutschein für ein Auto im Wert von 20.000 Ostmark

84 Olympique Marseille (das die 0:3-Heimniederlage des Hinspiels wettmachen wollte)

85 Danny Blind

86 Preud'Homme

87 Roger Milla (Kamerun) und Gary Lineker (England)

88 Johan Cruyff

89 Einige Wochen vorher war es zur Tragödie von Sheffield gekommen, bei der 95 Liverpooler Fußballfans auf einer überfüllten Tribüne zu Tode gedrückt wurden.

90 Borussia Dortmund

91 Den 1. FC Kaiserslautern

92 Ja, im Halbfinale verlor Werder beim FC Brügge mit 1:0, bog das Ergebnis aber mit einem 2:0-Erfolg im Weserstadion wieder um.

93 Klaus Allofs, Wynton Rufer

94 Die beiden deutschen Vereine Werder Bremen und Hannover 96 trafen aufeinander.

95 Der SV Werder Bremen (3:1 und 1:2)

96 Nein, Hannover begab sich als Zweitligist aufs internationale Parkett.

97 Benfica Lissabon

98 Bayer Leverkusen

99 2:2

100 In der 86. Minute

101 Feyenoord Rotterdam

102 Borussia Mönchengladbach

103 Ronaldo

104 Der deutsche Schiedsrichter Dr. Markus Merk, der hauptberuflich als Zahnarzt arbeitet.

Lösungen: Europapokal der Landesmeister / Champions League

1 1955/56

2 Um den Mitropa-Cup spielten die Spitzenklubs aus Ungarn, Österreich, Italien und der Tschechoslowakei zwischen 1927 und 1940. Den Vätern des Euro-Cups diente dieser Wettbewerb neben dem vom FC Grasshoppers Zürich ins Leben gerufene Grasshoppers-Cup als musterhaftes Vorbild.

3 Der französische Journalist Gabriel Hanot, Fußball-Chef der Sport-Tageszeitung „L'Equipe"

4 Rot-Weiß Essen

5 Bereits in der ersten Runde (gegen Hibernian Edinburgh)

6 Real Madrid

7 Patrick Kluivert

8 Basile Boli

9 Das eigentliche Spiel: Die schlimmen Ausschreitungen erstreckten sich über die gesamte vorgesehene Sendezeit.

10 Miodrag Belodedici

11 Im Athener Olympiastadion

12 Atletico Madrid

13 4:0 für die Bayern

14 Herbert Ducadam

15 1:0 für Steaua

16 Wegen versuchter Schiedsrichterbestechung

17 Aalborg BK, der Verlierer des Vorrundenspiels

18 Nein, es wurde hinter Athen, Nantes und Porto Gruppenletzter.

19 Nur ein einziges Mal (1992). Dafür liegt der letzte Sieg der „Königlichen" mittlerweile über 32 Jahre zurück!

20 Inter Mailand (2:2 und 0:2)

21 Den deutschen Meister Bayern München (1:0 und 1:2 n.V.)

22 Ein einziger: Paul Breitner

23 1991/1992

24 Durch das Los

25 Ajax Amsterdam (0:2 und 0:1)

26 Zweiter

27 Bayern-Bezwinger Real Madrid (1:1 und 0:0 gegen PSV Eindhoven im Viertelfinale)

28 Real Madrid

29 Ja, Steaua Bukarest (1986) und Roter Stern Belgrad (1991)

30 1975/76

31 Meister Mönchengladbach und Titelverteidiger Bayern München

32 Der FC Bayern wurde Europapokalsieger, Mönchengladbach schied im Viertelfinale gegen Real Madrid aus.

33 Der HSV hatte in der ersten Runde ein Freilos.

34 Savicevic, Jugovic, Prosinecki, Mihajlovic und Pancev

35 Zwei (und verhalf damit seiner Mannschaft zu einem 4:2-Erfolg)

36 Davids und Silooy

37 Aus Holland: Gullit, van Basten (je zwei Tore 1989) und Rijkaard (1990) erzielten die Treffer.

38 Kevin Keegan – er war für zwei Millionen Mark zum Hamburger SV gewechselt.

39 Im Pariser Prinzenpark-Stadion (vor 40.000 Zuschauern!)

40 Vor dem Spiel kam es zu Ausschreitungen zwischen rivalisierenden Fan-Gruppen, die katastrophale Ausmaße erreichten und eine Panik auslösten: 39 Menschen starben, Hunderte wurden verletzt.

41 Englische Klubs wurden auf unbestimmte Zeit, aber für mindestens fünf Jahre, von den europäischen Wettbewerben ausgeschlossen.

42 Paris St. Germain

43 Er wurde sofort von der Schiedsrichter-Liste der UEFA gestrichen.

44 Das Finalspiel 1987 gegen den FC Porto

45 Rabah Madjer

46 Ludwig Kögl

47 Falsch – der HSV spielte in Berlin 1 : 1-Unentschieden.

48 1985 – bei der 0 : 1-Niederlage des FC Liverpool gegen Juventus Turin

49 Äußerst unrühmlich: Der VfB musste bereits nach der ersten Runde gegen Levsky/Spartak Sofia (1 : 1 und 2 : 2) die Segel streichen.

50 Eine komplette Küche. Die Bayern hatten furchtbare Angst vor dem schlechten Essen in der DDR!

51 Fünfmal (Bayern München 1974 bis 1976, Hamburger SV 1983 und Borussia Dortmund 1997)

52 Fünf (1984, 1986, 1988, 1991 und 1996)

53 „Busby Babes" wurde die junge Mannschaft von Manchester United genannt, die der Trainer Matt Busby zu Beginn der fünfziger Jahre um sich scharte.

54 Gegen Real Madrid, die absolute Übermannschaft der damaligen Zeit um Superstar di Stéfano.

55 Sie stürzten nach dem Halbfinalrückspiel bei Roter Stern Belgrad bei der Zwischenlandung in München ab. Acht Spieler starben, viele waren so schwer verletzt, dass sie nie wieder Fußball spielen konnten.

56 Bobby Charlton (außerdem noch Torwart Gregg, Verteidiger Foulkes, die Stürmer Morgans und Viollet)

57 Das Hinspiel gewann Manchester mit 2 : 1. In Mailand unterlagen die tapferen Engländer dann aber mit 0 : 4 und schieden aus.

58 1968 (noch immer unter Trainer Busby)

59 1974 – Bayern München konnte das Wiederholungsspiel in Brüssel damals mit 4:0 für sich entscheiden.

60 Island

61 Dem FC Liverpool (1976/77 im Finale, 1977/78 im Halbfinale)

62 1974/75

63 Keiner!

64 Alfredo di Stéfano (Real Madrid)

65 Aus Argentinien

66 Ruud Gullit

67 Für den Mailänder Präsidenten Silvio Berlusconi

68 Zwanzig Jahre

69 Karl-Heinz Schnellinger

70 Johan Cruyff

71 EPA Larnaca

72 Dem FC Everton

73 Alfred Pfaff

74 Ja, 1969/70 schied Bayern München bereits in der ersten Runde gegen AS St. Etienne aus (2:0 und 0:3)

75 Felix Magath

76 In Athen

77 Nur den italienischen (gegen Juventus Turin kam das Aus im Viertelfinale). Die Erstrundenspiele gegen Dinamo Tirana wurden kampflos gewonnen, in der zweiten Runde hieß der Gegner Rapid Wien!

78 Fünf

79 Wegen des Ausländer-Stopps in Spanien und Italien!

80 Everton gewann 4:3 im Elfmeterschießen

81 Günter Netzer

82 Gegen Dynamo Ostberlin

83 5:0 (im Bremer Weserstadion)

84 Peter Shilton

85 Es ging ums liebe Geld. Die ARD wollte der Borussia für die Übertragungsrechte nur 60.000 Mark ohne Mehrwertsteuer zahlen und weigerte sich, Mönchengladbachs Forderung nach 60.000 Mark plus Mehrwertsteuer nachzukommen. Wie oft wird der damals Verantwortliche, Ernst Huberty, diese Entscheidung bereut haben?

86 Gegen den Armeeklub Sofia

87 Er hieß zwar Holland, kam aber aus England.

88 Die ersten beiden Spiele gegen den FC Liverpool endeten 0:0, das dritte 2:2. Das Losglück war schließlich aufseiten der Engländer!

89 Weil er gar nicht mitspielte!

90 Real Madrid, das beide Male mit 3:1 die Oberhand behielt

91 Zum Viertelfinal-Rückspiel 1976 gegen Real Madrid kamen 120.000 Zuschauer ins Bernabeu-Stadion.

92 1:1

93 Weil der holländische Schiedsrichter zwei astreine Treffer von Jensen und Wittkamp nicht anerkannt hatte und die Borussen deshalb ausschieden.

94 Das Ergebnis: Alle Spiele endeten mit 1:0!

95 Paul Breitner

96 1:1

97 Uli Stielike mit Real Madrid (die Spanier unterlagen Liverpool mit 0:1)

98 Der FC Barcelona

99 Gegen den RSC Anderlecht

100 Johan Cruyff

101 4:0 für den AC Mailand

Lösungen: Fußball-Europameisterschaften

1 1960

2 Der Gegner im Viertelfinale hieß Spanien. General Franco weigerte sich jedoch, sein Team im kommunistischen Moskau spielen zu lassen.

3 17

4 Im Pariser Prinzenpark-Stadion

5 1964

6 Ole Madsen

7 Lew Jaschin

8 Orvov Bergmark

9 Die UdSSR

10 Luigi Riva

11 Auf die Tschechoslowakei

12 Albanien

13 Hampden Park (Schottland gegen England 1968)

14 Jackie Charlton

15 Das Halbfinalspiel gegen die UdSSR wurde per Münzwurf entschieden (Nach der Verlängerung stand es 0:0).

16 Italien

17 Gerd Müller

18 Die Tschechoslowakei

19 Belgien

20 Die UdSSR

21 Island

22 Der jugoslawische Torhüter wurde von einer Bierdose getroffen, die von einem walisischen Fan geworfen wurde.

23 Die Tschechoslowakei und Deutschland

24 Uli Hoeneß

25 Antonin Panenka

26 Italien
27 0:0
28 Klaus Allofs
29 Horst Hrubesch
30 Belgien
31 Michel Platini
32 Frankreich
33 Spanien
34 Holland
35 Manuel Amoros
36 Enzo Scifo
37 Belgien und Jugoslawien
38 Nene
39 Luis Arconada
40 Deutschland
41 Walter Zenga
42 Rudi Völler
43 Peter Schmeichel
44 Ruud Gullit
45 1956
46 Pierre Littbarski
47 Frank Rijkaard
48 Lothar Matthäus
49 Jürgen Kohler
50 Eike Immel
51 Jan Wouters
52 Oleg Protasow
53 Ruud Gullit
54 Arnold Muhren

55 Hans van Breukelen
56 München
57 Rinus Michels
58 Morten Olsen
59 Jean-Pierre Papin
60 Schweden
61 Albanien
62 Die UdSSR
63 Österreich
64 Richard Möller-Nielsen
65 Ian Rush
66 Paul Gascoigne
67 Bruno Martini
68 Tomas Brolin
69 Rudi Völler
70 Thomas Häßler
71 Jürgen Klinsmann
72 Karlheinz Riedle
73 Maurice Malpas
74 Stefan Reuter
75 3:1
76 Bodo Illgner
77 Kennet Andersson
78 Karlheinz Riedle
79 Henrik Larsen
80 Henrik Andersen
81 Frank Rijkaard
82 Marco van Basten
83 Göteborg

84 John Jensen
85 England
86 Türkei, Schweiz und Kroatien
87 Davor Suker
88 Kroatien
89 Dean Saunders
90 Alan Shearer
91 Juan Antonio Pizzi und Petar Hubtchev
92 St. James' Park
93 Hristo Stoichkov
94 1:1
95 Guillermo Amor
96 Christian Ziege
97 Pierluigi Casiraghi
98 Arrigo Sacchi
99 Türkei und Rumänien
100 0:3
101 Bernard Lama
102 Karel Proborsky
103 Darren Anderton
104 Andreas Köpke
105 Andreas Möller
106 Reynald Pedros
107 Miroslav Kadlec
108 73.611 Zuschauer
109 Oliver Bierhoff
110 Matthias Sammer
111 Oliver Bierhoff
112 In der 73. Minute und der 5. Minute der Verlängerung
113 England

Lösungen: Fußball-Weltmeisterschaften

1 Viermal (1958, 1962, 1966, 1970)

2 1930 in Uruguay

3 Holland

4 René Higuita

5 Diego Maradona

6 An den Weltmeisterschaften 1930 und 1950

7 Andres Escobar. Er wurde nach seiner Rückkehr wegen dieses Tores von einem Landsmann erschossen.

8 Fritz Walter

9 Uruguay und England

10 Thomas Häßler

11 Saudi-Arabien, Griechenland und Nigeria

12 Helmut Rahn

13 Der Boss

14 Noch sechs Minuten

15 Carlos Alberto

16 Dettmar Cramer und Udo Lattek

17 Jack Charlton

18 1:0 für Brasilien

19 Italien

20 Karl-Heinz Rummenigge

21 Kamerun

22 Salvatore Schillaci

23 Roger Milla

24 Frank Rijkaard

25 Saudi-Arabien

26 England

27 Franz Beckenbauer

28 20

29 Er war Tunesier.

30 Paolo Rossi

31 Gilmar (Brasilien)

32 Patrick Battiston

33 Er entschied auf Freistoß für Deutschland.

34 Michel Platini

35 Keins

36 Ein Tor

37 In Argentinien

38 Willie Johnstone

39 Ein neuer Weltpokal. Die FIFA hatte den alten Jules-Rimet-Pokal gegen einen neuen ersetzt.

40 Der mexikanische Torhüter Antonio Carbajal, der 1950 zum ersten Mal teilnahm und auch noch 1966 zwischen den Pfosten stand.

41 Johan Neeskens

42 Polen

43 Johan Cruyff

44 Gerd Müller

45 Sie waren seit 1928 keine Mitglieder der FIFA mehr.

46 1950 in Brasilien

47 Gegen die USA

48 Den Jules-Rimet-Pokal

49 Andreas Brehme

50 Diego Maradona

51 Ägypten, und zwar 1938, 1958, 1961 und 1966

52 Die Italiener – sie waren gegen Nordkorea ausgeschieden!

53 Pickles

54 Johnny Haynes

55 17 Jahre

56 Der Franzose Louis Laurent

57 Der Anstoßpunkt

58 Ciao

59 Aus einer Orange

60 Tip und Tap

61 Fünfmal

62 Weil so wenige europäische Mannschaften an ihrer eigenen WM 1930 teilgenommen hatten

63 Italien: Es gewann die WM 1938, dann brach der Krieg aus. Erst 1950 verloren die Italiener ihren Titel.

64 1958 in Schweden

65 Deutschland

66 Ungarn: El Salvador = 10 : 1

67 Der Franzose Just Fontaine (1958)

68 Rinus Michels

69 Im Azteken-Stadion von Mexiko-Stadt

70 Brasilien

71 32

72 Im Caesars Palace, Las Vegas

73 Mexiko

74 Sie wurden verwandelt.

75 Silber, Gold und Rosa auf einem schwarz-gemusterten Untergrund

76 Brasilien

77 Drei Punkte

78 Warner Brothers

79 Romario

80 Gary Lineker

81 Rob Rensenbrink (Holland)

82 Zaire 1974
83 Er musste sich zunächst notieren, dass alle Eckfahnen fehlten.
84 Ein Armband
85 Pelé 1958 und 1970 sowie Paul Breitner 1974 und 1982
86 Der Italiener Dino Zoff (im Alter von 40 Jahren)
87 Marokko
88 Sie wurden sich nicht einig, welcher Ball benutzt werden sollte.
89 Der Spanische Bürgerkrieg brach aus.
90 Martin Peters und Alan Mullery
91 Die WM 1954 in der Schweiz
92 Jairzinho, Brasilien
93 Schottland
94 Cesar Louis Menotti
95 Norman Witheside
96 Socrates
97 26,5 Jahre
98 Michel Preud'homme (Belgien)
99 Ein Hahn
100 Japan und Südkorea
101 Österreich
102 Argentinien, Rumänien und Kolumbien
103 Zehn Mal
104 1950 in Brasilien
105 Spanien wurde Vierter.
106 Haitis Ernest Jean-Joseph (1974)
107 Kamerun
108 Mussolini
109 Gegen die Türkei
110 Die FIFA hatte ihnen nicht erlaubt, barfuß zu spielen.

111 Brasilien (1958)
112 Ägypten
113 Die Tschechoslowakei
114 Nur 12 Spieler!
115 Enzo Bearzot
116 Polen
117 Weil sie nicht Sieger der Qualifikationsgruppe wurden.
118 Italien
119 Paul Breitner
120 Willie und René van de Kerkhoff
121 Uruguay
122 1:0
123 1974
124 René van de Kerkhoff
125 Jan Jongbloed trug die Rückennummer 8, Ubaldo Fillol die Nummer 7!
126 Italien und Kamerun
127 Nordirland
128 Gerry Armstrong
129 Uruguay
130 Brasilien
131 In Montevideo
132 El Salvador
133 Italien
134 René Higuita
135 Drei
136 Drei
137 Gegen Mexiko
138 Monzon

139 Uruguay war amtierender Olympia-Sieger und versprach, sämtliche Kosten der teilnehmenden Mannschaften zu übernehmen.

140 Lew Jaschin

141 Weil das National-Stadion in Chile zur Zeit des Pinochet-Putsches als Gefängnis benutzt worden war.

142 Johan Cruyff

143 1930 in Uruguay

144 Belgien, Frankreich und Deutschland

145 Italien 1938

146 Portugal

147 Carlos Alberto

148 1974

149 Polen

150 Peter Beardsley

151 FC Barcelona

152 Jorge Burruchaga

153 Omam-Biyik

154 Mit neun

155 Roger Milla

156 Sieben

157 Bulgarien

158 Hristo Stoichkov und Yordan Letchkov

159 In Los Angeles

160 Daniele Massaro, Franco Baresi und Roberto Baggio

161 Sie gewannen den Titel im eigenen Land.

162 Wolfgang Weber

163 Jan Tilkowski

Lösungen: Weltmeisterschaft 1998

1 Kroatien. Die Gegner waren Japan, Jamaika und Argentinien.

2 In Saint-Etienne

3 Holland und Schottland

4 Michel Platini

5 Das „Stade Gerland" in Lyon (1924 eingeweiht)

6 Das Stade de la Beaujoire in Nantes, das im Mai 1984 eingeweiht wurde und speziell für die damals stattfindende Europameisterschaft erbaut wurde.

7 Mario Zagallo

8 Leonardo (Mittelfeld)

9 Nike

10 Falsch. Für die WM 1994 in den USA konnte sich Schottland nicht qualifizieren.

11 Ihr Torhüter Leighton (FC Aberdeen)

12 England

13 Kamerun (1964) und Tunesien (1960)

14 Der jüngste eigenständige Staat im Teilnehmerfeld: Kroatien

15 Daniel Passarella

16 Soldo (VfB Stuttgart) und Pamic (Hansa Rostock)

17 Suker und Boksic

18 Miroslav Blazevic

19 Jamaika, Kroatien, Japan und Südafrika

20 Jamaika

21 Japan

22 Nein, Berti (River Plate) spielte auch für Argentinien.

23 Für die tunesische

24 Italien (0:1)

25 Brasilien, gefolgt von Gastgeber Frankreich (Deutschland war mit Italien an dritter Stelle gesetzt!)

26 Der Iran

27 Brasilien (Romario und Ronaldo)

28 Noch nie!

29 Für Kolumbien (Carlos Valderrama)

30 36 Jahre!

31 Gheorge Hagi

32 Gegen keine

33 Ali Daei und Bagheri

34 Für die US-Amerikaner

35 1. FC Saarbrücken

36 Zum 14. Mal

37 Ausgeglichen: Beide Teams trafen 27-mal aufeinander. Zehnmal siegten die Franzosen, zehnmal die Deutschen, siebenmal endete der Vergleich Remis.

38 Andreas Köpke (Olympique Marseille) und Jürgen Klinsmann (AS Monaco)

39 Viermal (je einmal gegen die Ukraine und Nordirland, zweimal gegen Portugal)

40 Oliver Bierhoff (sechs Tore)

41 Zwei: Miguel Mejia Baron (1995) und Bora Milutinovic (1996). Lapuente übernahm das Amt 1997.

42 Jorge Campos

43 Bum Kun Cha spielte für Eintracht Frankfurt und Bayer Leverkusen.

44 Johan De Kock und Youri Mulder

45 Frank und Ronald De Boer

46 Keiner

47 José Luis Chilavert (Paraguay)

48 Nigeria

49 Raul

50 Im Pariser Prinzenpark-Stadion (gegen die USA)

Lösungen: Deutsche Legionäre

1 Karl-Heinz Förster
2 Bernd Schuster
3 FC Barcelona (1980–1988), Real Madrid (bis 1990), Atletico Madrid
4 Ludwig Janda, der schon 1949 zum AC Florenz wechselte.
5 Horst Szymaniak
6 Jürgen Klinsmann und Ilie Dumitrescu
7 Mit dem AC Florenz
8 2 Millionen Pfund
9 Sieben
10 Andreas Brehme, Jürgen Klinsmann, Lothar Matthäus, Karl-Heinz Rummenigge, Hansi Müller, Matthias Sammer und Horst Szymaniak
11 Urawa Red Diamonds
12 Mitsubishi
13 J-League
14 Zu Real Saragossa
15 Sheffield Wednesday
16 Andreas Thom
17 Sieben Jahre
18 Von Olympique Marseille
19 Helmut Haller, genannt „Hemad"
20 Jürgen Klinsmann
21 Wegen seiner angeblichen „Fallsucht" in Strafraumnähe
22 1977
23 Der Konzern Warner Bros.
24 Michael Frontzeck
25 Mantua, AS Rom und AC Mailand
26 Jürgen Klinsmann
27 Er wurde Torschützenkönig der Zweiten italienischen Liga.

28 Austria Salzburg

29 Caspar Memering und Dieter Müller

30 Er verpasste den 1:0-Siegtreffer Bierhoffs gegen Juventus Turin.

31 Julio Cesar

32 Im Frühjahr 1996 beim 2:1-Sieg der deutschen Elf gegen Portugal

33 Inter Mailand (3,6 Millionen Mark – 800.000 Mark mehr als die Bayern)

34 Inter Mailand

35 Anthony Yeboah, der einen Machtkampf mit Frankfurts Trainer Jupp Heynckes verloren hatte

36 Maurizio Gaudino

37 Hansi Müller

38 Bei AS St. Etienne

39 Mit dem AC Florenz

40 Bernd Trautmann (Manchester City)

41 Er war dort Kriegsgefangener.

42 Jürgen Kohler (Juventus Turin)

43 Sie alle verdienten ihr Geld in der japanischen Profiliga.

44 Rudi Völler, Thomas Häßler, Thomas Berthold und Karl-Heinz Schnellinger

45 Neunkirchen, Hannover, Wuppertal und Uerdingen

46 Hans-Peter Briegel

47 AS Monaco

48 Günter Netzer und Paul Breitner

49 Rainer Bonhof

50 13 Jahre (1980 bis 1993)

51 Für zwei (Juventus Turin und AS Rom)

Lösungen: Regelfragen

1 7,32 Meter

2 Auf Tor und Anstoß; der Spieler wird nicht bestraft.

3 120 Meter

4 Auf Tor und Anstoß; der Spieler wird nicht bestraft.

5 Sechs: Vier Eckfahnen, zwei an der Mittellinie

6 Auf Tor und Anstoß; der Abwehrspieler erhält die gelbe Karte.

7 Nein, sondern exakt 16,50 Meter.

8 Nr. 12 wird des Feldes verwiesen. Seine Mannschaft muss mit zehn Spielern die zweite Halbzeit bestreiten, da die Auswechslung bereits vollzogen war.

9 1 Meter

10 Es folgt der nächste Schütze.

11 Nein, ein Seil ist nicht zulässig. Der Schaden muss sofort repariert werden, sonst wird das Spiel abgebrochen.

12 Der Torwart erhält die rote Karte und das Spiel wird mit Schiedsrichterball an der Stelle fortgesetzt, wo sich der Ball bei der Spielunterbrechung befand.

13 Falsch! Die rechteckigen sind nach wie vor gestattet.

14 Auf indirekten Freistoß, dort wo der Ball mit der Hand aufgenommen wurde – der Ball wurde vorher nämlich von einem Mitspieler mit dem Fuß zugespielt.

15 Als sieben

16 Der Spieler der Mannschaft A muss vom Spiel ausgeschlossen werden, da die Halbzeitpause zum Spiel gehört. Das Team muss mit zehn Spielern weitermachen. Der Auswechselspieler gehört zwar nicht zum Spiel, darf aber nicht mehr eingewechselt werden. Er muss im Spielberichtsbogen vermerkt werden. Seine Mannschaft darf aber mit elf Spielern weiterspielen.

17 Nein

18 Nein, da der Spieler nicht ins Spiel eingreift.

19 Ja, wenn diese keine Gefährdung für die anderen Spieler darstellen.

20 Spieler, die während der Halbzeitpause eingewechselt wurden, gehören zum Spiel. Der Spieler erhält die rote Karte, das Spiel wird mit Strafstoß fortgesetzt.

21 Die technische Zone ist ein spezieller Bereich (rund um die Ersatzspielerbank), die den Betreuern und Ersatzspielern zugewiesen ist. Der Trainer und die übrigen Betreuer dürfen die technische Zone nur in Ausnahmefällen verlassen.

22 Nein

23 Der Spieler erhält die rote Karte und der Trainer muss den Innenraum verlassen. Da der Einwurf noch nicht ausgeführt wurde, muss ein anderer Spieler der Mannschaft A einwerfen.

24 Schiedsrichter-Assistent

25 Der Strafstoß wird wiederholt.

26 Ja, aber nur an der Seitenlinie.

27 Der Vorteil konnte nicht genutzt werden. Deshalb muss der Schiedsrichter auf Strafstoß entscheiden und den foulenden Spieler des Feldes verweisen.

28 Er hält die Fahne mit beiden Händen quer über den Kopf.

29 Der Freistoß muss indirekt ausgeführt werden.

30 Der Freistoß wird wiederholt.

31 2 x 10 Minuten

32 Der Schiedsrichter brachte zunächst die Vorteilsbestimmung zur Anwendung, muss deshalb auf Tor entscheiden. Der schuldige Spieler erhält wegen Unsportlichkeit die gelbe Karte.

33 Den Anstoß ausführen

34 Wenn er 1. auf dem Boden oder in der Luft vollständig eine der Tor- oder Seitenlinien überschritten hat oder 2. das Spiel vom Schiedsrichter unterbrochen worden ist.

35 Der Strafstoß muss wiederholt werden, weil es sich um eine Spielfortsetzung handelt – und die muss durch einen Pfiff angezeigt werden.

36 Es wird weitergespielt. Der Ball ist nach wie vor im Spiel.

37 Auf indirekten Freistoß (unerlaubter Rückpass!).

38 Das Tor kann nicht anerkannt werden. Es wird auf Schiedsrichterball entschieden.

39 Nein, denn der Torwarttausch in der Halbzeitpause ist völlig legitim!

40 Wenn er der gegnerischen Torlinie näher ist als der Ball und der vorletzte Abwehrspieler.

41 In keinem Fall!

42 Er entscheidet auf indirekten Freistoß an der Stelle, wo die Behinderung stattfand. Der Torwart erhält die rote Karte.

43 Einen indirekten.

44 Nein, denn die Auswechslung ist bereits vollzogen.

45 Nicht mehr als vier!

46 Mit indirektem Freistoß, dort, wo der Spieler ins Feld läuft.

47 Natürlich den roten.

48 Er meldet den Vorfall im Spielberichtsbogen.

49 Keine Ahnung, denn die Spielweise ist erlaubt. Es gibt einen Schiedsrichterball wegen Fehlentscheidung.

50 Nein, auch dann muss er des Feldes verwiesen werden.

51 Auf Tor und Anstoß. Der Spieler wird verwarnt.

52 Erlaubt

53 Es wird auf Schiedsrichterball entschieden, da das Vergehen außerhalb des Spielfeldes begangen wurde. Der Spieler wird des Feldes verwiesen.

54 Wenn ein angreifender Spieler versucht, mithilfe seiner Hände ein Tor zu erzielen oder wenn ein Spieler ein unsportliches Handspiel begeht (z. B. bei Verhinderung eines aussichtsreichen Angriffs).

55 Einwurf für die gegnerische Mannschaft

56 5–6 Sekunden

57 Nein, der Ball muss korrekt ins Spiel gebracht werden.

58 Der Freistoß wird wiederholt und der Schütze verwarnt.

59 Indirekter Freistoß an der Stelle, wo der Ball aufgenommen wurde.

60 Nein, denn aus einem Freistoß darf nie ein Nachteil für die ausführende Mannschaft entstehen. Es wird auf Eckball für die gegnerische Mannschaft entschieden.

61 Indirekter Freistoß (unerlaubter Rückpass!)

62 Abstoß

63 Der Spieler wird verwarnt. Es wird auf indirekten Freistoß entschieden (an der Stelle, wo der Ball bei der Spielunterbrechung war).

64 Der Spieler erhält die gelbe Karte (Unsportlichkeit!).

65 Nein, denn am Elfmeterschießen dürfen nur Spieler teilnehmen, die bei Spielende zum Spiel gehörten.

66 Es wird auf Schiedsrichterball entschieden (dort, wo der Hund den Ball berührt hat bzw. auf der Torraumlinie)

67 Ja, er muss sich dabei allerdings auf der Torlinie bewegen.

68 Der Auswechselspieler wird aus dem Kreis der Ergänzungsspieler gestrichen und muss die Bank verlassen. Der Vorfall wird im Spielberichtsbogen vermerkt und das Spiel mit Schiedsrichterball fortgesetzt.

69 Ja, die Auswechslung darf erfolgen.

70 Die Auswechslung ist bereits vollzogen, deshalb wird der Vorgang nur im Spielberichtsbogen vermerkt. Die Mannschaft spielt mit elf Spielern weiter, der Schläger aber wahrscheinlich nie mehr für seinen Verein!

71 Nein

72 Nein, der Spieler muss sein Gesicht dem Spielfeld zuwenden.

73 Nein, der Spieler gilt als des Feldes verwiesen, ein Ersatzspieler darf nicht eingewechselt werden.

74 Auf Eckstoß für die gegnerische Mannschaft.

75 Nicht weiter als 1 Meter.

76 Ja, dies ist erlaubt.

77 Auf Strafstoß und rote Karte, da die Tat innerhalb des Spielfeldes begangen wurde.

78 Auf indirekten Freistoß am Ort des Vergehens (grobe Unsportlichkeit). Der Torwart wird des Feldes verwiesen.

79 Nein!

80 Ja, denn die Strafgewalt des Schiedsrichters beginnt mit Betreten des Spielfeldes.

Lösungen: Die großen Vereine der Welt

1 FC Santos, damals mit Superstar Pelé

2 Lila und Weiß

3 FC Barcelona, Cosmos New York und Grasshoppers Zürich

4 Sampdoria Genua

5 Benfica Lissabon (120.000 Plätze)

6 Dem Elektronikhersteller Philips

7 Olympique Marseille

8 Den Rotterdamer Hafen

9 Der FC Everton

10 Panathinaikos Athen. Die Griechen unterlagen 1971 in London Ajax Amsterdam mit 0:2.

11 „Elizabethan"

12 FC Roter Stern Belgrad

13 In Argentinien

14 FC Porto, Benfica und Sporting Lissabon

15 Die Hütteldorfer (Rapid spielte bis Ende der siebziger Jahre auf der Hütteldorfer „Pfarrwiese")

16 Aus dem AC Mailand: Im Jahre 1908 traten einige Spieler aus, um einen eigenen Verein zu gründen.

17 Weil die italienischen Faschisten unter Mussolini eine Verbindung zur sozialistischen Internationale sahen und den Namen verboten.

18 Manchester United. 1964 wurden beim Umbau des Stadions „Old Trafford" verglaste Boxen auf der Haupttribüne eingerichtet.

19 Olympiakos Piräus

20 Ein Stier, das Wappentier der Stadt Turin

21 Der Klub wurde von Arbeitern einer Waffenarsenal-Fabrik gegründet, in der Munition für die englische Flotte hergestellt wurde.

22 Michel Platini

23 Max Merkel

24 Der FC Porto. Fußball begannen die Freunde nur zu spielen, um neben ihren Fress- und Saufgelagen einen körperlichen Ausgleich zu haben.

25 Der FC Everton (1878 gegründet) ist 14 Jahre älter.

26 Im „East India Café"

27 PAOK Saloniki

28 Benfica Lissabon

29 Der protestantische. Celtic Glasgow heißt der katholische.

30 FC Barcelona, Ajax Amsterdam und Juventus Turin

31 Sie waren der Meinung, Rot sei die Farbe des Teufels und Schwarz verbreite Angst und Schrecken.

32 Einmal: 1996 wurde Paris Europapokalsieger der Pokalsieger

33 Der FC Everton

34 Der FC Barcelona (das Trikot soll nicht durch Werbung „entweiht" werden)

35 Der AC Florenz

36 Nein

37 Der FC Everton

38 Aus Luxemburg

39 Der BFC Dynamo Berlin, heute der FC Berlin

40 Girondins Bordeaux

41 Der SSC Neapel für Diego Maradona

42 Glasgow Rangers

43 Nou Camp

44 Gren, Nordahl und Liedholm

45 Newcastle United

46 Der RSC Anderlecht

47 San-Siro-Stadion

48 Es waren die Farben der Monarchie. Die Gründer des FC Porto waren eifrige Royalisten.

49 Dem spanischen Bürgerkrieg: Das am 13. Mai 1923 eingeweihte Stadion überstand einen Bombenhagel nicht.

50 Hans Krankl

51 Santiago de Bernabeu (Mittelstürmer und später Präsident von Real). Ihm zu Ehren wurde das 1947 erbaute Chamartin- in Bernabeu-Stadion umbenannt.

Lösungen: Weltstars

1 Franz Beckenbauer

2 Torwart Peter Schmeichel

3 Romario

4 Für Holland (Vizeweltmeister 1974 und 1978)

5 Udinese Calcio

6 1970 im Spiel um Platz 3. Für ihn spielte der Braunschweiger Wolter.

7 Alfredo di Stéfano

8 Lew Jaschin

9 Aus der UdSSR

10 Pelé

11 Für den Hamburger SV

12 In der rumänischen

13 An vier (1962 bis 1974)

14 George Weah

15 Aus Chile

16 Gerd Müller

17 Michel Platini

18 Franco Baresi, Libero des AC Mailand

19 Johan Cruyff

20 19,2 Millionen Mark

21 1996

22 Roberto Baggio

23 Buddhismus

24 Nandor

25 Zico

26 Dreimal

27 Jack Charlton

28 Socrates

29 Beckenbauer wollte als Jugendlicher tatsächlich zu den Löwen wechseln, doch er wurde von einem 1860-Spieler geohrfeigt und entschied sich deshalb für den FC Bayern.

30 Ajax Amsterdam und Feyenoord Rotterdam

31 Enzo Scifo

32 Matthias Sindelar

33 Gegen Schweden (1965)

34 Hristo Stoichkov

35 Igor Belanow

36 1986

37 Der Portugiese Eusebio bei der WM 1966

38 Der französische Stürmer Jean-Pierre Papin

39 Im 909. Spiel

40 Allan Simonsen

41 „Blonder Gullit"

42 Roberto Baggio

43 Oleg Blochin

44 Der „di Stéfano Asiens"

45 Dino Zoff

46 Als „Dino Nazionale"

47 Michel Platini. Er bekundete dies vor dem Länderspiel gegen Deutschland 1975 in Paris, dem letzten Länderspiel des „Kaisers".

48 Durch den Rivelino-Freistoßtrick

49 Rivelino stellte sich als erster Spieler in die Mauer des Gegners und duckte sich, damit der Schütze durch die entstandene Lücke schießen konnte.

50 Gary Lineker, der bisher weder eine gelbe noch eine rote Karte sah

51 Für Ungarn. Er war der Regisseur des berühmten Wunderteams der 50er.

52 Zico

53 Emilio Butragueno

54 Insgesamt 19!

Lösungen: Wer ist gemeint?

1 Matthias Sammer

2 Andy Möller

3 Olaf Thon

4 Karlheinz Riedle

5 Winfried Schäfer

6 Hansi Müller

7 Uwe Seeler

8 Lothar Matthäus

Lösungen: Wer hat das gesagt?

1 Natürlich Sepp Herberger

2 Fritz Walter

3 Roberto Baggio

4 Udo Lattek

5 Helmut Rahn

6 Sepp Herberger

7 Dieter Eilts

8 „Ich danke Sie." Lippens flog daraufhin vom Platz!

9 Bobby Robson
10 Fredi Bobic
11 Sepp Herberger
12 KSC-Coach Winfried Schäfer
13 Erich Kostedde
14 Erich Juskowiak, der sich in diesem Spiel beim Stand von 1 : 1 von seinem Gegenspieler provozieren ließ und nachtrat. Nach seinem Platzverweis verlor das deutsche Team mit 1 : 3.
15 Der Russe Tofik Bachramov, der als Linienrichter das Wembley-Tor im WM-Finale 1966 anerkannte.
16 Enzo Bearzot
17 Cesar Luis Menotti (argentinischer Nationaltrainer)
18 Ernst Happel
19 Max Merkel
20 Ian Rush
21 Johan Cruyff
22 Terry Venables
23 Sepp Herberger
24 Uli Hoeneß, nachdem er im Finale der Europameisterschaft 1976 den entscheidenden Elfmeter verschossen hatte.
25 Pelé
26 Rainer Bonhof
27 George Best
28 Horst Szymaniak
29 Torjäger Jürgen Wegmann (Bayern München und Borussia Dortmund)
30 Claudio Gentile
31 Paul Gascoigne
32 Ferenc Puskás
33 Gary Lineker
34 Johan Cruyff

35 Socrates

36 Uwe Seeler

37 Der frühere Bundespräsident Gustav Heinemann

38 Paul Breitner

39 Berti Vogts

40 Spaniens Trainer Javier Clemente

41 Der Präsident von Juventus Turin und Fiat-Chef Agnelli über den Präsidenten von Inter Mailand, Pellegrini, der sein Geld mit Großküchen verdient

42 Der Schalker Präsident Günther Siebert

43 Pelé

44 Hennes Weisweiler

45 Sepp Herberger

46 Dettmar Cramer

47 Ruud Gullit

48 Der legendäre Coach des FC Liverpool, Bill Shankly

49 Cesar Luis Menotti

50 Sepp Herberger

51 Herbert Finken spielte für Tasmania 1900 Berlin.

52 Paul Breitner

53 Gott

54 Sepp Herberger

Lösungen: Kuriositäten

1 Wolfgang Overath, er war erster Narr in Siegburg.

2 Henry Kissinger, der in Fürth geboren wurde.

3 Helmut und Erwin Kremers (1974)

4 Erwin Kostedde (3 Länderspiele)

5 Beide haben ein Kleeblatt im Wappen.

6 Reggae

7 Seine Hochzeit (er wurde vom damaligen Coach Otto Nerz nachnominiert)

8 „Libero" kommt aus dem Italienischen und bedeutet „frei". Als Libero wird der freie Mann auf dem Spielfeld bezeichnet, der keinen direkten Gegenspieler hat.

9 Gerd Müller

10 Auf dem Klo (vor Aufregung)

11 Jean-Marc Bosman

12 In Bari

13 Der Torwart Harald Schumacher

14 Helmut Rahn

15 Der Hamburger SV. Das Volksparkstadion wird wegen seiner kühlen Atmosphäre so genannt.

16 Der Jules-Rimet-Pokal wurde 1983 in Rio de Janeiro gestohlen und ist seitdem spurlos verschwunden.

17 Dem Bonner SC, 1977

18 1978

19 Julio Iglesias

20 Ohne sein Halstuch

21 Ottmar Walter

22 Arsenal London. An der Station „Arsenal" müssen die Fans aussteigen, die ins Stadion Highbury Park wollen!

23 Gerhard Hanappi, der zwischen 1954 und 1960 siebenmal Österreichs „Fußballer des Jahres" wurde. Sein Verein Rapid Wien zog 1977 in das nach seinem Bauherrn benannte Gerhard-Hanappi-Stadion um.

24 Gschropp

25 Helmut Schön

26 Er trat in einem Werbespot der Rasierwassermarke „Hattric" auf, in dem er beim Rasieren fröhlich pfiff.

27 Nick Hornby

28 Arsenal London

29 Paul Breitner, den man stets der politischen Linken zuordnete

30 In Liverpool: Ist der Kopf des Neugeborenen vor Anstrengung rot, wird er einer der „Reds" (ein Fan des FC Liverpool), ist der Kopf eher bläulich gefärbt, wird er ein Anhänger des FC Everton, der „Blues".

31 Udo Lattek

32 „Der Ball war drin!"

33 Die Beine von Karl-Heinz Rummenigge.

34 Andreas Möller (Borussia Dortmund)

35 Schokoladenriegel

36 Beverly Rangers (SSG Bergisch-Gladbach)

37 Rabah Madjer aus Algerien. Er schoss im Europapokal-Finale gegen Bayern München das Siegtor für Porto per Hackentrick.

38 Ian Wright

39 Der Karlsruher SC

40 Waldemar Hartmann

41 In Cardiff (Wales)

42 Wild gewordene spanische Fans brachten unmittelbar vor Spielbeginn ein Tor zum Zusammenbruch.

43 Max Breunig (1910 gegen Holland)

44 Crystal Palace

45 Jack Charlton

46 100 Eier

47 In Rio de Janeiro (Brasilien), das Maracaná-Stadion

48 Seit 1954

49 Soccer

50 In der Sepp-Herberger-Straße

51 Dominique Rocheteau

52 (Quer-)Latte

53 England

54 Gianna Nannini und Edoardo Bennato

55 Der Dortmunder Harry Decheiver

56 Hans-Peter Briegel. Er spielte 1985 für Hellas Verona.

57 Gegen den SV Werder Bremen. Das Spiel stand 1 : 1 bei Abbruch des Spiels zwei Minuten vor Spielende, wurde aber mit 2 : 0 für Werder gewertet.

58 Fußballfelder in Deutschland mussten demnach frei von Bäumen und Sträuchern sein!

59 1874

60 Er „schummelte" bei einer Spesenabrechnung.

61 In der gesamten eigenen Spielhälfte

62 Sepp Maier (Bundes-Torwart-Trainer!)

63 „Schalke 05"

64 Hansi Müller, Bernd Schuster, Ditmar Jakobs, Felix Magath und Karl Allgöwer

65 Der Raum war ein Halbkreis!

66 Er war verärgert über die DFB-Funktionäre, die die Spielerfrauen nicht zum WM-Bankett einluden.

67 In Liechtenstein, so heißt nämlich das dortige Nationalstadion.

68 Am 14. Juni 1970 im WM-Viertelfinale gegen England (Seeler traf zum 2 : 2-Ausgleich)

69 Die offiziellen Maskottchen der WM 1974

70 Jupp Derwall

71 Nobby Stiles

72 Lothar Matthäus

73 Wegen seiner beiden Stürmer Rudi Bommer und Fleming Lund

74 „Rotbäckchen"

75 Direkt eigentlich nichts, aber der Namensgeber und Reeder des Schiffes, Achille Lauro, war viele Jahre Präsident des SSC Neapel.

76 Die amerikanische Profi-Liga der siebziger und achtziger Jahre

77 Mit der schottischen Elf

78 „Toter Hund"

79 Klaus Schlappner, der 1968 als 27-jähriger sogar für diese Partei kandidierte

80 Bianca, die Frau von Torwart Bodo Illgner

81 Bäcker

82 Er versteckte sich im Küchenlift und fuhr vom medienbevölkerten Restaurant in seine Zimmeretage.

83 Alemannia Aachen

84 Als sich die Nationalspieler eine Stunde vor dem Spiel trafen, fehlten die Akteure vom Karlsruher FV und von Holstein Kiel, die einen Tag vorher um die deutsche Meisterschaft gespielt hatten. Da kein DFB-Offizieller anwesend war, suchten sich die Spieler Mitstreiter unter den 4.000 Zuschauern aus. Zu ihnen gehörte auch Peco Bauwens!

85 Die Toten Hosen

86 Er hatte gerade erfahren, dass nicht er, sondern der erst 21-jährige Wolfgang Fahrian im WM-Tor stehen sollte.

87 Fritz Walter

88 6½ – also eigentlich Frauenfüße!

89 Um Strafgefangene

90 Auf dem Klo!

91 Dem nordirischen Rekordnationalspieler Pat Jennings, verliehen von der Universität von Belfast.

92 Nichts außer zwei Flaschen Bier

93 Dieter Bohlen

94 Verona Feldbusch? Absolut keine!

95 Die Dame neben ihm war die Frau des Botschafters.

96 Edi Finger, bei der WM 1978

97 Karl-Heinz Schnellinger sprach als Italien-Legionär italienisch und konnte sich deshalb besser mit dem Unparteiischen Sbardella unterhalten.

98 Schulz sollte in der zweiten Halbzeit für Schnellinger eingewechselt werden, vergaß aber absichtlich seine Fußballschuhe aus Verärgerung über seine Nichtnominierung im Hotel. Da Schnellinger bereits duschte, musste Helmut Schön mit Max Lorenz einen Debütanten einwechseln. Schön vergaß diesen Vorfall nicht und lud Schulz nie wieder ein.

99 Pierre Littbarski

100 Frank Mill, der es seinem Sohn Kevin schenken wollte.

Lösungen der Bildfragen

S. 10 Helmut Rahn (40 Länderspiele), der den legendären WM-Siegtreffer 1954 in Bern gegen das ungarische Nationalteam zum 3:2 für Deutschland schoss.

S. 22 Beim MSV Duisburg. Ewald Lienen begrüßt am 1.11.1994 seinen Amtsnachfolger Hannes Bongartz.

S. 55 Wegen schlechter Leistungen. Die Zeitschrift befürchtete eine Anti-Werbung!

S. 82 In Berlin. Das Olympiastadion ist seit 1985 fester Austragungsort des DFB-Finales.

S. 93 Maurizio Gaudino, der mit Eintracht Frankfurt auf den SSC Neapel traf

S. 110 Karlheinz Riedle erzielte im Finale 1997 zwei Treffer. Borussia Dortmund wurde 1966 Europapokalsieger der Pokalsieger.

S. 124 Louis van Gaal

S. 137 Dieter Eilts, der beim SV Hage Fußballspielen lernte

S. 152 Sie wurde Vize-Weltmeister!

S. 171 Olympique Marseille

S. 179 Beide Male wird eine Abseitsstellung angezeigt. Rechts befindet sich die Abseitsposition auf der dem Linienrichter näheren Seite des Spielfeldes, links nahe der Spielfeldmitte.

S. 191 Johan Cruyff trainierte den FC Barcelona.

S. 199 Sir Bobby Charlton

S. 220 Er verlor eine Wette mit Thomas Gottschalk bei „Wetten dass?".